Scoprire i Giochi Gratuiti Online

Disponibile Qui:

BestActivityBooks.com/FREEGAMES

5 CONSIGLI PER INIZIARE

1) COME RISOLVERE LE PAROLE INTRECCIATTE

I puzzle hanno un formato classico:

- Le parole sono nascoste senza spazi o trattini,...
- Orientamento: Le parole possono essere scritte in avanti, indietro, verso l'alto, verso il basso o in diagonale (possono essere invertite).
- Le parole possono sovrapporsi o intersecarsi.

2) APPRENDIMENTO ATTIVO

Accanto ad ogni parola c'è uno spazio per scrivere la traduzione. Per incoraggiare l'apprendimento attivo, un **DIZIONARIO** alla fine di questa edizione vi permetterà di controllare e ampliare le vostre conoscenze. Cerca e scrivi le traduzioni, trovale nel puzzle e aggiungile al tuo vocabolario!

3) SEGNARE LE PAROLE

Puoi inventare il tuo sistema di segni. Forse ne usi già uno? Per esempio, puoi segnare le parole difficili da trovare con una croce, le parole preferite con una stella, le parole nuove con un triangolo, le parole rare con un diamante, e così via.

4) STRUTTURARE L'APPRENDIMENTO

Questa edizione offre un **TACCUINO** alla fine del libro. In vacanza, in viaggio o a casa, puoi organizzare facilmente le tue nuove conoscenze senza bisogno di un secondo quaderno!

5) AVETE FINITO TUTTE LE GRIGLIE?

Nelle ultime pagine di questo libro, nella sezione della **SFIDA FINALE**, troverete un gioco gratuito!

Facile e veloce! Dai un'occhiata alla nostra collezione di libri di attività per il tuo prossimo momento di divertimento e **apprendimento,** a portata di clic!

Trova la tua prossima sfida su:

BestActivityBooks.com/MioProssimoLibro

Ai vostri posti, pronti...Via!

Sapevi che ci sono circa 7.000 lingue diverse nel mondo? Le parole sono preziose.

Amiamo le lingue e abbiamo lavorato duramente per creare libri di altissima qualità. I nostri ingredienti?

Una selezione di argomenti adatti all'apprendimento, tre buone porzioni di intrattenimento, una cucchiaiata di parole difficili e una spolverata di parole rare. Li serviamo con amore e entusiasmo in modo che tu possa risolvere i migliori giochi di parole e divertirti imparando!

La vostra opinione è essenziale. Puoi partecipare attivamente al successo di questo libro lasciandoci un commento. Ci piacerebbe sapere cosa ti è piaciuto di più di questa edizione.

Ecco un link veloce alla pagina dell'ordine:

BestBooksActivity.com/Recensione50

Grazie per il vostro aiuto e buon divertimento!

Tutta la squadra

1 - Scacchi

```
L E I K M A Ð U R M R S P I
Á R E G L U R M D Ó A N X Y
Y S K Á O K N E B T A J D A
U T K T N A K I Y M Ð A R H
X I I O S S O S C Æ G L O X
U G T M R V N T M L E L T M
A Ð L Æ R A U A N A R D T G
H V Í T U R N R W N Ð S N M
F X K Ð W T G I W D A F I D
N O L E I K U R R I L Ó N M
Y P O X P A R S T V A R G Ó
U T K X N P U O Í J U N X T
R S S T E F N U M J S T U F
Y O O J G E V I I F S M Q F
```

MÓTMÆLANDI
HVÍTUR
MEISTARI
KEPPNI
SKÁ
LEIKMAÐUR
LEIKUR
SNJALL
SVART
AÐGERÐALAUS

AÐ LÆRA
STIG
KONUNGUR
DROTTNING
REGLUR
FÓRN
ÁSKORANIR
STEFNU
TÍMI
MÓT

2 - Aggettivi #2

```
T  A  Þ  N  G  S  K  A  P  A  N  D  I  K
S  D  K  R  X  L  Ý  S  A  N  D  I  U  F
X  Z  B  T  J  I  Æ  R  U  F  L  B  T  S
S  U  L  Ð  V  S  S  H  R  E  I  N  T
A  V  H  Q  B  Æ  Z  B  I  V  V  A  Ý  O
L  Á  A  C  K  T  T  S  F  L  E  G  T  L
T  W  B  N  Þ  U  R  R  R  J  E  E  T  T
U  S  X  Y  G  R  N  F  Æ  Q  K  G  K  U
R  Q  S  M  R  U  P  L  G  G  T  L  U  R
Y  J  D  U  F  G  R  Q  U  X  A  P  I  R
Z  B  Q  E  W  Q  U  N  R  E  Z  X  W  A
Á  H  U  G  A  V  E  R  T  I  D  C  X  L
B  X  S  H  A  S  S  T  E  R  K  U  R  Þ
N  Á  T  T  Ú  R  U  L  E  G  T  M  L  Z
```

SVANGUR	STERKUR
ÞURR	ÁHUGAVERT
EKTA	NÁTTÚRULEGT
SKAPANDI	NÝTT
LÝSANDI	STOLTUR
SÆTUR	HREINT
GLÆSILEGUR	ÁBYRGUR
FRÆGUR	SALTUR

3 - Pesca

```
B  Ú  N  A  Ð  U  R  Y  J  N  C  Z  Þ  T
X  P  B  P  W  Þ  M  R  H  Ð  Z  S  V  G
U  J  Á  K  Þ  O  G  Ð  V  B  K  K  I  Y
K  X  T  Y  Þ  L  S  Q  X  E  L  K  Y  K
J  A  U  M  I  I  H  A  F  I  F  M  Q  Z
Á  Ð  R  Z  Q  N  Ð  I  C  T  E  L  D  A
L  E  Z  F  N  M  S  V  L  A  U  T  U  K
K  W  Y  I  A  Æ  F  J  A  R  A  Á  B  R
A  K  S  T  Ö  Ð  U  V  A  T  N  L  Ý  Ó
Þ  Y  N  G  D  I  G  C  M  F  N  K  K  K
Á  R  S  T  Í  Ð  G  Y  V  S  H  N  J  U
D  E  D  Ð  N  A  D  M  Í  U  A  U  R
B  N  T  O  L  W  R  J  Þ  E  R  D  R  E
Q  S  U  R  I  V  E  R  L  A  Ð  G  S  L
```

VATN	KRÓKUR
BÚNAÐUR	STÖÐUVATN
BÁTUR	KJÁLKA
TÁLKN	HAF
KARFA	ÞOLINMÆÐI
ELDA	ÞYNGD
ÝKJUR	UGGAR
BEITA	FJARA
VÍR	ÁRSTÍÐ
RIVER	

4 - Aggettivi #1

```
H  A  M  M  Þ  U  N  N  U  R  J  Z  Y  Þ
E  L  E  S  I  O  S  Ö  M  U  L  Q  C  I
I  G  T  P  F  K  A  F  N  F  N  E  K  S
Ð  E  N  E  R  K  I  P  Q  N  I  G  A  D
A  R  A  N  A  Ö  R  L  Á  T  U  R  U  Ý
R  C  Ð  Ú  M  B  J  B  V  H  Y  H  I  R
L  E  A  T  A  L  O  Z  P  Æ  P  Þ  L  M
E  Q  R  Í  N  Ð  A  D  Ð  G  G  S  M  Æ
G  S  L  M  D  P  X  N  V  T  X  T  A  T
U  Þ  E  A  I  T  Q  Z  G  X  U  Ó  N  U
R  U  G  V  I  R  K  U  R  T  C  R  D  R
A  N  T  W  L  I  S  T  R  Æ  N  N  I  O
E  G  F  U  L  L  K  O  M  I  N  N  N  O  G
H  T  G  R  Í  Ð  A  R  S  T  Ó  R  Y  I
```

METNAÐARLEGT	SÖMU
ILMANDI	MIKILVÆGT
LISTRÆNN	HÆGT
ALGER	LANGT
VIRKUR	NÚTÍMA
GRÍÐARSTÓR	HEIÐARLEGUR
FRAMANDI	FULLKOMINN
ÖRLÁTUR	ÞUNGT
UNGUR	DÝRMÆTUR
STÓR	ÞUNNUR

5 - Geologia

```
O  Á  C  S  L  J  E  H  T  N  G  Ð  P  P
E  K  L  L  T  A  Q  Á  W  G  O  N  H  Y
L  Ó  J  F  G  E  G  L  S  S  S  G  R  H
D  R  G  Ð  U  V  I  E  R  P  H  N  A  R
F  A  W  Ð  D  N  R  N  I  J  V  D  U  X
J  L  M  D  X  N  N  D  N  S  E  J  N  G
A  L  A  H  E  L  L  I  D  A  R  G  Þ  S
L  F  S  V  Æ  Ð  I  K  A  L  S  Í  U  M
L  G  O  X  D  Þ  K  K  J  T  Y  R  T  J
S  T  A  L  A  G  M  I  T  E  S  O  K  S
V  S  T  E  I  N  E  F  N  I  N  F  V  B
S  Ý  R  A  K  R  I  S  T  A  L  L  A  R
J  A  R  Ð  S  K  J  Á  L  F  T  I  R  D
R  S  T  A  L  A  C  T  I  T  E  O  S  C
```

SÝRA
HÁLENDI
KALSÍUM
HELLI
ÁLFUNNI
KÓRALL
KRISTALLAR
ROF
GOSHVER
HRAUN

STEINEFNI
STEINN
KVARS
SALT
STALAGMITES
STALACTITE
LAG
JARÐSKJÁLFTI
ELDFJALL
SVÆÐI

6 - Campeggio

Þ	I	P	F	U	L	G	J	F	Þ	I	V	X	K
H	A	D	J	I	P	P	G	H	A	T	T	U	R
N	X	Ý	A	T	U	U	Y	A	V	E	I	Ð	A
S	Á	R	L	O	R	B	Þ	C	M	Þ	J	Q	N
U	T	T	L	T	U	N	G	L	E	A	T	R	É
O	Q	Ö	T	Z	S	K	O	R	T	Ð	N	R	P
H	Ð	R	Ð	Ú	Æ	V	I	N	T	Ý	R	I	J
S	K	Ó	G	U	R	D	M	E	K	L	E	F	A
K	L	V	Þ	W	V	A	L	N	B	R	L	S	Q
O	K	A	N	Ó	G	A	N	B	O	E	D	W	L
R	E	I	P	I	N	C	T	T	O	U	U	M	I
D	T	J	A	L	D	H	E	N	G	I	R	Ú	M
Ý	Á	T	T	A	V	I	T	A	J	H	B	L	J
R	M	S	G	U	M	M	M	P	S	Z	U	D	Y

TRÉ
HENGIRÚM
DÝR
ÆVINTÝRI
ÁTTAVITA
KLEFA
VEIÐA
KANÓ
HATTUR
REIPI

GAMAN
SKÓGUR
ELDUR
SKORDÝR
STÖÐUVATN
TUNGL
KORT
FJALL
NÁTTÚRAN
TJALD

7 - Arti Visive

```
K  R  Í  T  L  B  O  H  L  G  G  P  G  A
P  O  R  T  R  E  T  U  J  L  U  E  L  R
Q  D  L  F  P  V  A  X  Ó  Æ  Ð  N  M  K
N  Z  N  N  I  V  G  R  S  S  S  N  X  I
H  Ö  G  G  M  Y  N  D  M  L  E  I  R  T
K  V  I  K  M  Y  N  D  Y  A  A  Y  G  E
X  Z  S  A  M  S  E  T  N  I  N  G  U  K
Ð  H  Þ  I  S  M  A  E  D  H  L  L  K  T
S  J  Ó  N  A  R  H  O  R  N  I  O  E  Ú
S  K  R  Á  N  I  G  U  A  Q  H  R  R
M  E  I  S  T  A  R  A  V  E  R  K  A  L
L  I  S  T  A  M  A  Ð  U  R  R  S  M  A
B  L  Ý  A  N  T  U  R  R  U  Q  B  I  K
F  R  Þ  F  J  F  E  G  J  Z  I  O  K  K
```

ARKITEKTÚR   KVIKMYND
LEIR   LJÓSMYND
LISTAMAÐUR   KRÍT
MEISTARAVERK   BLÝANTUR
KOL   PENNI
GLÆSLA   SJÓNARHORNI
VAX   PORTRET
KERAMIK   HÖGGMYND
SAMSETNINGU   LAKK
SKRÁNINGU

8 - Esplorazione

```
R  D  Ð  N  M  H  T  V  I  R  K  N  I  S
E  Ý  Y  Z  V  K  U  U  G  Ú  P  Ý  B  P
Y  R  Q  N  I  A  W  G  N  M  Z  T  Þ  E
D  G  A  Ð  L  Æ  R  A  R  G  U  T  W  N
M  Æ  Ð  I  L  V  I  W  Y  E  U  P  L  N
X  J  M  Þ  T  S  Ð  V  R  M  K  M  J  A
H  Æ  T  T  U  L  E  G  U  R  M  K  Á  N
Á  K  V  Ö  R  Ð  U  N  X  W  U  Ó  I  L
L  A  N  D  S  L  A  G  I  C  B  Þ  M  A
K  F  E  R  Ð  A  S  T  X  A  O  E  A  Z
P  L  R  L  N  Ð  R  H  Þ  C  S  K  Ð  A
E  V  R  M  E  N  N  I  N  G  U  K  U  N
J  Y  Þ  M  U  I  U  V  I  Ð  P  T  U  D
X  U  P  P  G  Ö  T  V  U  N  T  I  Q  M
```

DÝR	AÐ LÆRA
VIRKNI	HÆTTULEGUR
HUGREKKI	LEIT
MENNINGU	ÓÞEKKT
ÁKVÖRÐUN	UPPGÖTVUN
SPENNAN	VILLT
MÆÐI	RÚM
TUNGUMÁL	LANDSLAGI
NÝTT	FERÐAST

9 - Tempo

```
B  R  Á  Ð  U  M  D  A  B  S  Í  M  Q  Ð
I  D  Ð  T  L  Á  R  A  T  U  G  U  R  S
U  A  U  A  K  U  Z  Y  G  Ð  Æ  P  Z  B
P  G  R  I  Ð  G  Y  A  F  A  R  J  H  N
H  U  T  K  L  U  K  K  U  S  T  U  N  D
Á  R  T  Y  C  V  N  K  A  T  M  A  E  E
D  R  O  U  B  J  Ð  Ó  E  B  O  M  L  F
E  E  L  V  I  K  A  I  T  X  R  Í  Q  T
G  O  K  E  I  B  Þ  J  L  T  G  N  Q  I
I  O  U  U  G  O  O  E  A  H  U  Ú  P  R
Ö  L  D  Ð  U  A  C  Ð  I  M  N  T  N  K
Q  X  V  J  Í  D  A  G  O  W  N  A  Y  M
K  L  U  K  K  A  S  F  R  A  M  T  Í  Ð
E  I  K  X  M  Á  N  U  Ð  U  R  K  O  U
```

ÁR	HÁDEGI
ÁRLEGA	MÍNÚTA
DAGATAL	NÓTT
ÁRATUGUR	Í DAG
EFTIR	KLUKKUSTUND
FRAMTÍÐ	KLUKKA
DAGUR	BRÁÐUM
Í GÆR	ÁÐUR
MORGUNN	ÖLD
MÁNUÐUR	VIKA

10 - Astronomia

```
H  Þ  L  X  J  E  Q  U  I  N  O  X  F  C
I  O  Z  L  U  Ö  I  T  R  S  G  S  T  O
M  K  E  J  M  U  R  S  H  D  E  M  G  S
N  K  L  M  F  A  L  Ð  Q  D  I  Á  E  M
E  A  H  I  M  I  N  N  Q  Ð  S  S  I  O
T  I  E  T  C  Q  F  N  H  R  L  T  M  S
I  B  A  L  H  E  I  M  U  R  U  I  F  D
Þ  Y  N  G  D  A  R  A  F  L  N  R  A  Ý
Q  T  Q  L  O  F  T  S  T  E  I  N  R  R
S  H  Þ  T  O  T  L  L  S  G  J  I  I  I
T  U  N  G  L  V  G  A  L  A  X  Y  G  R
Ð  N  S  T  J  Ö  R  N  U  M  E  R  K  I
S  J  Ó  N  A  U  K  I  Þ  G  N  T  A  Þ
O  B  S  E  R  V  A  T  O  R  Y  G  Y  E
```

SMÁSTIRNI	LOFTSTEIN
GEIMFARI	ÞOKKA
HIMNETI	OBSERVATORY
HIMINN	GEISLUN
COSMOS	ELDFLAUG
STJÖRNUMERKI	SJÓNAUKI
EQUINOX	JÖRÐ
GALAXY	ALHEIMUR
ÞYNGDARAFL	DÝRIR
TUNGL	

11 - Circo

```
A  O  Z  U  S  M  T  I  G  E  R  T  V  Q
P  C  N  D  Ý  I  N  R  Q  Y  G  J  H  T
G  R  R  H  N  Ð  A  Ð  Ú  L  K  A  Y  Ö
A  A  I  O  A  I  M  B  A  Ð  J  L  K  F
P  M  L  Þ  B  V  M  Z  K  B  U  D  Ý  R
I  Ð  J  D  Y  A  I  J  M  Ú  B  R  E  A
Q  C  Ó  W  U  E  T  Þ  L  N  L  O  D  M
J  K  N  W  Q  R  N  W  Þ  I  Ö  P  B  A
Á  H  O  R  F  A  N  D  I  N  Ð  V  B  Ð
T  Ó  N  L  I  S  T  P  F  G  R  C  A  U
B  R  A  G  Ð  G  C  J  Í  U  U  Ð  Q  R
J  Ú  G  L  E  R  P  I  L  R  R  N  E  M
T  R  T  G  S  K  R  Ú  Ð  G  A  N  G  A
A  T  M  I  J  A  R  K  N  D  G  I  Ð  D
```

ACROBAT	TÖFRAMAÐUR
DÝR	SÝNA
MIÐI	TÓNLIST
NAMMI	BLÖÐRUR
TRÚÐUR	SKRÚÐGANGA
BÚNINGUR	API
FÍL	ÁHORFANDI
JÚGLER	TJALD
LJÓN	TIGER
GALDUR	BRAGÐ

12 - Mitologia

```
Ð  G  M  W  E  Þ  J  Ó  Ð  S  A  G  A  S
M  M  E  Z  L  S  K  Ö  P  U  N  Y  R  T
A  Y  N  P  D  A  U  Ð  L  E  G  Q  K  R
P  P  N  V  I  Ð  H  O  R  F  C  J  E  Í
O  S  I  E  N  Þ  T  L  N  Q  G  L  T  Ð
H  K  N  K  G  R  U  Ö  F  U  N  D  Y  S
E  E  G  I  F  U  H  E  F  N  D  Y  P  M
T  P  G  Q  Z  M  Þ  R  Z  R  T  V  E  A
J  N  A  Ð  B  U  Y  M  A  W  A  V  R  Ð
A  A  S  V  U  R  Z  C  L  O  H  N  H  U
H  V  Ö  L  U  N  D  A  R  H  Ú  S  D  R
Ð  C  R  H  B  D  S  K  R  Í  M  S  L  I
S  T  Y  R  K  U  R  H  Ö  R  M  U  N  G
Ó  D  A  U  Ð  L  E  I  K  A  A  E  Þ  M
```

ARKETYPE	ÖFUND
HEGÐUN	STRÍÐSMAÐUR
SKEPNA	ÓDAUÐLEIKA
SKÖPUN	VÖLUNDARHÚS
VIÐHORF	ÞJÓÐSAGA
MENNING	TÖFRANDI
HÖRMUNG	DAUÐLEG
HETJA	SKRÍMSLI
STYRKUR	ÞRUMUR
ELDING	HEFND

13 - Piante

```
V  P  W  V  K  Á  V  S  V  T  C  P  F  S
Z  H  Ð  A  A  B  A  M  B  U  S  Q  L  K
B  A  A  X  K  U  B  L  Ó  M  T  G  O  Ó
B  E  R  A  T  R  V  Y  M  O  S  S  R  G
I  C  B  G  U  Ð  Þ  S  G  M  T  K  A  U
B  V  E  U  S  U  G  J  R  N  J  R  X  R
A  Q  Y  C  S  R  A  V  Ó  U  A  Ó  É  Ó
U  F  R  U  V  H  R  Y  Ð  B  W  N  B  T
N  Y  Z  V  V  Ð  Ð  G  U  A  Þ  U  N  G
C  S  R  G  A  T  U  R  R  Y  F  B  O  I
U  X  R  L  J  Ð  R  A  S  F  T  L  Y  G
D  X  W  O  K  S  M  S  A  W  X  A  L  F
E  V  G  G  Þ  E  Q  V  E  O  Þ  Ð  A  Q
G  R  A  S  A  F  R  Æ  Ð  I  L  S  B  Þ
```

TRÉ	ÁBURÐUR
BER	BLÓM
BAMBUS	FLORA
GRASAFRÆÐI	SM
KAKTUS	SKÓGUR
BUSH	GARÐUR
VAXA	MOSS
IVY	KRÓNUBLAÐ
GRAS	RÓT
BAUN	GRÓÐUR

14 - Spezie

```
L A U K U R K Ú M E N T Y W
V J F P I P A R P N Z Ú J X
Y R P E Z Þ R S A F F R A N
J Q F N N K R V P W Ð M U E
O H Y C S N Ý E R E T E O N
M Ú S K A T E B I T U R S G
S A L T Ó Ð B L K O P I Æ I
Y L A K K R Í S A H K K T F
G X A N R S Í N K M Q H U E
G L N O M H Z A N Y F A R R
L Q L H A H T W N L E J V G
N K A N I L U R L D A N Í S
H V Í T L A U K U R E A Ð D
S G W V A N I L L U B R F U
```

HVÍTLAUKUR   FENNEL
BITUR   LAKKRÍS
ANÍS   MÚSKAT
KANIL   PAPRIKA
LAUKUR   PIPAR
KÓRÍANDER   SALT
KÚMEN   VANILLU
TÚRMERIK   SAFFRAN
KARRÝ   ENGIFER
SÆTUR

15 - Numeri

```
F  Ð  L  Y  S  D  O  S  T  Y  Á  T  T  A
X  J  A  E  V  B  T  Í  U  Þ  Q  Q  Ó  U
H  T  Ó  Þ  T  V  E  I  R  N  R  X  L  K
R  U  S  R  F  J  Ó  R  T  Á  N  Í  F  A
S  T  N  E  I  G  F  F  I  M  M  Z  R  S
A  T  Í  T  M  R  Á  T  J  Á  N  E  V  T
U  U  T  T  M  B  V  L  F  P  M  V  I  A
T  G  J  Á  T  V  H  K  Z  B  N  E  H  F
J  U  Á  N  Á  O  U  I  Q  F  F  H  Q  O
Á  E  N  V  N  F  I  P  C  Y  K  D  V  S
N  Í  U  F  W  S  E  X  T  Á  N  K  Q  E
N  Ú  L  L  W  J  E  Þ  S  O  D  H  F  B
I  Þ  I  W  H  Ö  M  X  K  U  Y  X  E  M
E  V  A  L  L  X  E  N  C  B  C  S  K  Y
```

FIMM	FJÓRTÁN
AUKASTAF	FJÓRIR
NÍTJÁN	FIMMTÁN
SAUTJÁN	SEXTÁN
ÁTJÁN	SEX
TÍU	SJÖ
TÓLF	ÞRÍR
TVEIR	ÞRETTÁN
NÍU	TUTTUGU
ÁTTA	NÚLL

16 - Cioccolato

```
Þ  I  O  O  U  Z  I  K  S  S  F  X  H  L
B  M  I  O  G  D  L  Ó  Æ  Y  R  Þ  I  J
Q  H  N  E  T  U  M  K  T  K  A  Z  T  Ú
H  C  K  S  E  F  L  O  U  U  M  Ð  A  F
K  A  K  Ó  J  T  R  S  R  R  A  B  E  F
U  A  N  Q  X  R  B  H  E  F  N  I  I  E
S  P  R  D  N  F  I  N  Y  U  D  G  N  N
B  P  P  A  V  Ð  T  E  L  V  I  G  I  G
O  B  R  Á  M  E  U  T  G  Æ  Ð  I  N  U
U  R  W  X  H  E  R  A  L  U  Þ  L  G  R
N  A  M  M  I  A  L  K  C  H  Q  M  A  P
F  G  G  T  B  G  L  L  Þ  C  R  U  R  T
Þ  Ð  A  T  M  J  W  D  A  W  Z  R  T  P
E  R  Q  L  H  U  P  P  S  K  R  I  F  T
```

BITUR	FRAMANDI
HNETUM	BRAGÐ
ILMUR	EFNI
HANDVERK	KÓKOSHNETA
KAKÓ	DUFT
HITAEININGAR	UPPÁHALDS
NAMMI	GÆÐI
KARAMELLA	UPPSKRIFT
LJÚFFENGUR	SYKUR
SÆTUR	

17 - Guida

```
B  P  Þ  D  X  S  Y  N  W  K  B  H  E  Y
Ð  Í  L  L  M  A  K  O  R  T  Í  Æ  L  N
L  C  L  H  Ö  M  Ó  T  O  R  L  T  D  G
U  E  R  L  Q  G  B  X  K  Ú  S  T  S  W
M  U  Y  W  M  Ö  R  V  R  T  K  A  N  G
F  M  S  F  R  N  E  E  I  U  Ú  F  E  A
E  Ó  G  Ð  I  G  M  G  G  J  R  J  Y  N
R  T  N  Þ  X  U  S  U  Ö  L  Þ  D  T  G
Ð  O  L  L  U  R  U  R  N  L  A  S  I  A
Ö  R  Y  G  G  I  R  P  G  W  Þ  N  H  N
W  H  J  D  Y  O  H  R  A  Ð  I  U  D  D
G  J  I  B  I  B  K  I  Q  S  V  Z  Ð  I
K  Ó  Z  N  G  O  U  H  A  L  D  K  J  H
M  L  I  N  G  A  S  L  Y  S  O  J  Z  S
```

BÍLL
RÚTU
ELDSNEYTI
BREMSUR
BÍLSKÚR
GAS
SLYS
LEYFI
KORT
MÓTORHJÓL

MÓTOR
GANGANDI
HÆTTA
LÖGREGLAN
ÖRYGGI
VEGUR
UMFERÐ
SAMGÖNGUR
GÖNG
HRAÐI

18 - Sport

```
W  J  S  A  M  T  Ö  K  R  G  X  P  A  L
S  U  D  Ú  R  S  L  I  T  A  M  A  Ð  I
L  K  Ó  M  V  Ö  L  L  I  N  N  Í  S  Ð
K  M  M  G  C  H  J  E  J  V  P  Þ  Y  Í
D  Ö  A  Ð  Ð  Þ  O  I  M  Q  H  R  N  Þ
R  L  R  L  F  F  S  K  E  P  A  Ó  D  R
Ð  E  I  F  X  P  H  F  K  R  F  T  A  Ó
O  I  I  S  U  V  E  I  K  Í  N  T  T  T
G  K  L  Ð  M  B  M  M  V  D  A  A  E  T
O  M  E  Q  H  Þ  O  I  X  Y  B  M  N  A
L  A  I  F  R  J  G  L  O  H  O  A  N  H
F  Ð  K  F  Z  M  Ó  N  T  Q  L  Ð  I  Ú
T  U  U  X  W  C  Z  L  O  I  T  U  S  S
X  R  R  Þ  J  Á  L  F  A  R  I  R  L  F
```

ÞJÁLFARI
DÓMARI
ÍÞRÓTTAMAÐUR
HAFNABOLTI
KÖRFUBOLTI
REIÐHJÓL
ÚRSLITA
LEIKFIMI
LEIKMAÐUR

LEIKUR
GOLF
HOKKÍ
SAMTÖK
AÐ SYNDA
ÍÞRÓTTAHÚS
LIÐ
VÖLLINN
TENNIS

19 - Giocattoli

```
Þ  R  A  U  T  I  W  M  C  Y  J  H  Í  I
H  L  E  W  D  Ú  K  K  A  Þ  C  S  M  U
F  A  D  I  T  Þ  X  B  Æ  K  U  R  Y  P
V  L  N  M  Ð  B  Í  L  L  L  F  Q  N  P
Ö  E  U  D  L  H  R  L  E  E  L  J  D  Á
R  I  B  G  V  Ð  J  A  J  I  E  B  U  H
U  R  W  L  D  E  W  Ó  D  K  S  V  N  A
B  O  L  T  I  R  R  B  L  I  T  É  A  L
Í  B  Á  T  U  R  E  K  M  R  S  L  R  D
L  Z  K  N  I  G  B  K  Q  B  I  M  A  S
L  F  H  S  A  X  N  A  A  P  X  E  F  N
Z  H  V  K  F  L  U  G  V  É  L  N  L  U
X  W  K  Á  T  R  O  M  M  U  R  N  X  B
Z  T  Q  K  V  P  O  Ð  X  Ð  S  I  X  W
```

FLUGVÉL

FLUGDREKA

LEIR

HANDVERK

BÍLL

DÚKKA

BÁTUR

TROMMUR

REIÐHJÓL

VÖRUBÍLL

LEIKIR

ÍMYNDUNARAFL

BÆKUR

BOLTI

UPPÁHALDS

ÞRAUT

VÉLMENNI

SKÁK

LEST

20 - Uccelli

```
G  Æ  S  X  C  F  A  P  E  A  C  O  C  K
A  S  P  V  P  Á  F  A  G  A  U  K  U  R
U  T  E  F  A  M  Á  F  U  R  O  T  Þ  O
K  R  L  L  Y  N  T  S  B  P  B  W  R  X
U  Ú  I  A  Z  T  U  D  P  Q  H  Ö  N  O
R  T  C  M  D  U  G  R  H  A  E  R  K  Ö
H  U  A  I  D  Ú  F  A  Þ  N  R  N  R  N
Y  R  N  N  Ð  J  L  Ð  Ð  M  O  R  G  D
M  O  E  G  G  O  O  X  F  Ð  N  H  O  N
L  Ö  T  O  U  C  A  N  C  P  J  A  O  W
Y  K  R  K  J  Ú  K  L  I  N  G  U  R  I
H  V  D  G  V  Þ  M  R  A  I  D  K  R  N
H  G  H  O  Æ  Y  Y  U  U  K  M  U  Z  O
M  H  C  Ð  Þ  S  T  O  R  K  U  R  L  M
```

HERON	GÆS
ÖND	PÁFAGAUKUR
ÖRN	SPARROW
STORKUR	PEACOCK
SVANUR	PELICAN
DÚFA	MÖRGÆS
GAUKUR	KJÚKLINGUR
HAUKUR	STRÚTUR
FLAMINGO	TOUCAN
MÁFUR	EGG

21 - Giorni e Mesi

```
Þ  Y  M  M  S  U  N  N  U  D  A  G  U  R
Y  R  Ð  I  N  I  J  Q  Y  A  P  R  Í  L
U  T  I  B  Ð  Á  R  S  R  G  J  Þ  Z  T
G  Þ  L  Ð  Þ  V  I  K  A  A  A  Ú  A  V
J  Ú  N  Í  J  J  I  F  N  T  N  Á  L  R
M  Á  N  U  Ð  U  R  K  U  A  Ú  G  M  Í
Z  O  F  V  Þ  Q  D  X  U  L  A  Ú  R  D
O  S  F  E  B  R  Ú  A  R  D  R  S  A  N
O  K  T  Ó  B  E  R  X  G  Þ  A  T  X  T
Þ  K  M  Á  N  U  D  A  G  U  R  G  B  G
I  G  D  N  Ó  V  E  M  B  E  R  T  U  Ð
Ð  M  E  U  V  S  E  P  T  E  M  B  E  R
L  A  U  G  A  R  D  A  G  U  R  W  U  G
D  E  S  E  M  B  E  R  U  O  L  B  B  N
```

ÁGÚST
ÁR
APRÍL
DAGATAL
DESEMBER
SUNNUDAGUR
FEBRÚAR
JANÚAR
JÚNÍ
JÚLÍ

MÁNUDAGUR
ÞRIÐJUDAGUR
MIÐVIKUDAGUR
MÁNUÐUR
NÓVEMBER
OKTÓBER
LAUGARDAGUR
SEPTEMBER
VIKA

22 - Casa

```
G T S E O E V E G G K K I O
O F T A Y H Q L O F T Ú J R
X B U G B B X D K T U S I Y
L D R A H Í W H S B A T H I
A Z T R S Á L Ú Þ X R U B B
M Z U Ð W P A S A D I R Ó R
P Z H U R Ð E L K Q N I K A
I G I R Ð I N G O Ú N H A N
H E R B E R G I I F R Æ S N
G Ó L F M O T T A L T Ð A O
G L U G G I J D Q U L I F H
R J D Ð T O Ð M U R E Y N A
T C N G I M U A B H Z B K U
W P Z U F A Z U L T L T G U
```

HÁALOFTINU	VEGG
BÓKASAFN	HÆÐ
HERBERGI	HURÐ
ARINN	GIRÐING
ELDHÚS	BRANN
STURTU	KÚSTUR
GLUGGI	LOFT
BÍLSKÚR	SPEGILL
GARÐUR	GÓLFMOTTA
LAMPI	ÞAK

23 - Ristorante #1

```
C S M N Q H A M K S D E G P
N D J A O R Ð A Þ T Þ F J Ö
C R Ð L T A B T S E T T A N
Ð S V X D U O S K R Ð I L T
I J H B U J R E Á K S R D U
J Q Ð R G Ð Ð Ð L A E R K N
S Ó S A Á L A I F N L É E K
W E L U P E O L X Z D T R J
K P Q Ð J H F L I B H T I Ö
V A Y F K P N N M S Ú U A T
H D F K I T Æ G I T S R Þ G
N N S F T Y M G Y G W P Y F
Í V K G I D I S K U R V U T
F K J Ú K L I N G U R X J Q
```

OFNÆMI
KAFFI
KJÖT
GJALDKERI
MATUR
SKÁL
HNÍF
ELDHÚS
EFTIRRÉTTUR

HRÁEFNI
AÐ BORÐA
MATSEÐILL
BRAUÐ
DISKUR
STERKAN
KJÚKLINGUR
PÖNTUN
SÓSA

24 - Fantascienza

```
V  É  F  R  É  T  T  G  A  L  A  X  Y  P
D  Y  S  T  Ó  P  Í  A  T  T  Æ  K  N  I
R  Ú  P  B  E  O  M  V  B  B  Y  P  R  L
A  T  R  Æ  X  G  Y  É  U  L  A  M  E  O
U  Ó  E  K  T  F  N  L  R  E  U  Þ  I  T
N  P  N  U  R  Q  D  M  Ð  K  U  H  K  U
H  Í  G  R  E  I  A  E  A  K  D  V  I  K
Æ  A  I  U  M  H  Ð  N  R  I  X  D  S  E
F  N  N  W  E  E  N  Á  N  D  V  T  R
T  U  G  P  T  K  L  I  S  G  Z  Q  J  F
K  V  I  K  M  Y  N  D  A  H  Ú  S  A  I
O  S  C  O  H  E  I  M  U  R  A  T  R  N
K  R  B  C  F  R  Á  B  Æ  R  I  Z  N  U
D  U  L  A  R  F  U  L  L  U  R  G  A  G
```

LOTUKERFINU	BÆKUR
KVIKMYNDAHÚS	DULARFULLUR
DYSTÓPÍA	HEIMUR
SPRENGING	VÉFRÉTT
EXTREME	REIKISTJARNA
FRÁBÆR	RAUNHÆFT
ELDUR	VÉLMENNI
GALAXY	ATBURÐARÁS
BLEKKING	TÆKNI
ÍMYNDAÐ	ÚTÓPÍA

25 - Città

```
S  K  Ó  L  I  W  A  T  Þ  O  P  D  E  B
Z  N  V  Ö  L  L  I  N  N  M  Þ  N  G  Ó
V  D  Y  F  L  U  G  V  Ö  L  L  U  R  K
Y  E  X  R  B  A  K  A  R  Í  B  Y  H  A
V  X  R  M  T  I  Þ  Y  B  D  A  A  Á  B
Ð  B  P  S  A  I  C  A  I  O  N  L  S  Ú
K  L  C  J  L  R  S  A  E  B  K  E  K  Ð
H  Ó  T  E  L  U  K  T  L  Ð  I  I  Ó  Þ
O  M  M  O  H  M  N  A  O  X  E  K  L  S
G  A  L  L  E  R  Í  N  Ð  F  C  H  I  A
F  B  Ó  K  A  S  A  F  N  U  A  Ú  R  F
K  Ú  A  P  Ó  T  E  K  E  C  R  S  X  N
M  Ð  K  V  I  K  M  Y  N  D  A  H  Ú  S
M  A  T  V  Ö  R  U  B  Ú  Ð  L  Þ  H  G
```

FLUGVÖLLUR   SAFN
BANKI   VERSLUN
BÓKASAFN   BAKARÍ
KVIKMYNDAHÚS   SNYRTISTOFA
APÓTEK   SKÓLI
BLÓMABÚÐ   VÖLLINN
GALLERÍ   MATVÖRUBÚÐ
HÓTEL   LEIKHÚS
BÓKABÚÐ   HÁSKÓLI
MARKAÐUR

26 - Virtù #1

```
Á  H  E  I  L  L  A  N  D  I  R  S  P  I
S  J  H  A  G  N  Ý  T  Z  Q  K  T  B  I
T  K  V  N  Ö  R  L  Á  T  U  R  P  Ð  Q
R  M  I  R  V  A  E  K  X  S  A  J  C  O
Í  H  N  L  Y  M  W  I  H  Ó  G  V  Æ  R
Ð  F  O  R  V  I  T  I  N  N  Ó  I  L  F
U  Y  S  I  T  I  H  Ð  A  D  Ð  T  I  Y
F  Ó  H  Á  Ð  U  R  Þ  Ð  E  U  U  S  N
U  R  E  J  J  V  E  K  Z  Y  R  R  T  D
L  I  L  N  Þ  Z  I  B  U  W  Ð  V  R  I
L  M  X  E  T  L  N  W  Y  R  M  R  Æ  Ð
U  D  F  U  R  U  T  R  E  B  W  I  N  S
R  A  F  G  E  R  A  N  D  I  J  R  N  J
S  J  Ú  K  L  I  N  G  U  R  Q  J  M  F
```

HEILLANDI	ÖRLÁTUR
ÁSTRÍÐUFULLUR	ÓHÁÐUR
LISTRÆNN	GREINDUR
GÓÐUR	HÓGVÆR
FORVITINN	SJÚKLINGUR
AFGERANDI	HAGNÝT
FYNDIÐ	HREINT
SKILVIRKUR	VITUR

27 - Compleanno

```
Þ  L  H  Á  T  Í  Ð  S  P  I  L  Y  H  S
D  A  G  U  R  K  A  U  W  Z  O  P  A  Ð
A  G  J  Ö  F  Y  S  F  C  P  R  D  M  Y
G  A  P  N  R  P  S  X  R  Þ  Z  H  I  F
A  M  R  N  Á  V  A  V  I  S  K  I  N  H
T  A  M  Q  B  X  N  I  H  P  K  H  G  Q
A  N  I  Z  Æ  Z  U  N  G  U  R  C  J  P
L  Q  W  Þ  R  U  Q  I  Q  T  I  R  U  U
K  A  K  A  T  V  G  R  Á  U  L  E  S  Þ
K  L  J  A  I  Ð  W  B  R  X  W  V  A  C
T  E  Y  Þ  O  H  C  R  O  X  A  L  M  P
E  Í  R  G  R  H  G  L  A  Ð  U  R  U  T
E  O  M  T  F  Æ  D  D  U  R  J  K  R  X
R  Y  R  I  I  S  É  R  S  T  A  K  T  N
```

VINIR	DAGUR
ÁR	UNGUR
DAGATAL	FRÁBÆRT
KERTI	BOÐ
LAG	FÆDDUR
SPIL	GJÖF
HÁTÍÐ	VISKI
GAMAN	SÉRSTAKT
HAMINGJUSAMUR	TÍMI
GLAÐUR	KAKA

28 - Fattoria #1

A	V	B	A	Ð	T	S	T	Y	K	F	Þ	A	L
S	H	A	O	Z	P	R	U	K	C	N	U	G	A
N	U	Q	T	E	U	H	N	U	E	Z	U	I	N
I	N	F	T	N	S	V	Í	N	H	U	E	R	D
Q	D	L	R	R	G	Z	N	F	Q	E	N	Ð	B
H	U	O	U	Æ	G	N	D	R	R	G	Y	I	Ú
R	R	K	Ö	T	T	U	R	H	X	G	B	N	N
Í	H	K	J	Ú	K	L	I	N	G	U	R	G	A
S	E	U	Á	B	U	R	Ð	U	R	M	Y	C	Ð
G	S	R	Z	Í	H	P	C	I	C	K	Ý	R	U
R	T	C	H	U	N	A	N	G	U	L	S	R	R
J	U	K	Á	L	F	U	R	E	Z	C	Q	N	K
Ó	R	S	D	Z	V	Z	M	I	N	T	A	R	I
N	E	N	G	I	W	K	I	T	D	Ð	Þ	I	R

VATN
LANDBÚNAÐUR
BÍ
ASNI
ENGI
HUNDUR
GEIT
HESTUR
ÁBURÐUR
HEY

KÖTTUR
FLOKKUR
SVÍN
HUNANG
KÝR
KJÚKLINGUR
GIRÐING
HRÍSGRJÓN
FRÆ
KÁLFUR

29 - Paesaggi

```
O  U  R  F  G  T  Ð  W  X  C  F  F  W  T
A  K  I  O  F  O  V  B  R  I  J  J  E  U
U  I  V  S  Z  F  S  J  U  F  A  A  E  N
R  T  E  S  A  Þ  K  H  Æ  Ð  L  R  L  D
W  R  R  O  Y  U  A  M  V  U  L  A  D  R
Ð  Þ  E  Z  I  V  G  D  Ý  E  H  A  F  A
Ð  Y  O  Y  U  M  I  R  T  R  R  Z  J  S
Ð  V  Þ  Ð  Ð  H  E  L  L  I  I  N  A  C
V  I  N  W  N  I  Í  S  B  E  R  G  L  Z
R  R  E  Y  J  A  M  J  Ö  K  U  L  L  U
K  W  C  S  G  S  T  Ö  Ð  U  V  A  T  N
V  H  L  M  D  A  L  U  R  R  Ð  Y  Y  Þ
R  D  Z  A  V  V  E  J  F  K  I  R  E  S
S  J  Ó  B  A  Y  Z  Z  W  O  N  F  W  N
```

FOSS
HÆÐ
EYÐIMÖRK
RIVER
GOSHVER
JÖKULL
HELLI
ÍSBERG
EYJA
STÖÐUVATN

SJÓ
FJALL
VIN
HAF
MÝRI
SKAGI
FJARA
TUNDRA
DALUR
ELDFJALL

30 - Ristorante #2

```
Í  N  V  Y  D  Þ  F  K  Ð  O  T  P  U  V
S  Ú  P  A  R  V  O  V  Z  U  L  Z  J  S
A  O  L  Q  Y  A  R  Ö  Q  P  O  D  Þ  Z
L  K  X  T  K  T  R  L  G  A  F  F  A  L
T  J  L  T  K  N  É  D  S  Z  E  Q  F  B
H  S  Ú  Þ  U  X  T  M  L  T  Z  C  I  V
E  K  H  F  R  W  T  A  Á  E  Ó  Y  S  O
G  E  R  W  F  Þ  U  T  V  G  R  L  K  X
O  I  E  Y  Q  E  R  U  Ö  G  Z  E  U  K
G  Ð  C  Þ  D  K  N  R  X  W  V  T  R  A
S  A  L  A  T  D  D  G  T  V  U  P  B  K
Þ  J  Ó  N  N  Y  S  U  U  Ð  G  V  C  A
G  R  Æ  N  M  E  T  I  R  R  M  H  S  K
H  Á  D  E  G  I  S  V  E  R  Ð  U  R  T
```

VATN	SALAT
FORRÉTTUR	SÚPA
DRYKKUR	FISKUR
ÞJÓNN	HÁDEGISVERÐUR
KVÖLDMATUR	SALT
SKEIÐ	STÓL
LJÚFFENGUR	KRYDD
GAFFAL	KAKA
ÁVÖXTUR	EGG
ÍS	GRÆNMETI

31 - Giardino

```
S  B  I  G  H  E  N  G  I  R  Ú  M  X  M
I  L  L  G  R  E  S  I  B  E  K  K  U  R
B  Ó  Ö  E  J  A  R  Ð  V  E  G  U  R  T
U  M  S  N  W  Q  S  M  Ð  R  R  R  I  R
S  W  Z  W  G  Q  D  F  S  X  A  T  W  A
H  R  Í  F  A  U  K  E  L  L  S  J  W  M
F  E  V  E  R  Ö  N  D  X  Ö  H  Ö  J  P
M  D  R  W  Ð  M  D  A  V  K  T  R  É  Ó
K  O  Ð  G  U  Z  A  X  D  B  P  N  E  L
Ð  X  K  U  R  G  I  R  Ð  I  N  G  A  Í
M  G  Ð  A  A  B  Í  L  S  K  Ú  R  Z  N
A  L  D  I  N  G  A  R  Ð  U  R  P  E  D
F  V  Í  N  V  I  Ð  U  R  N  R  L  N  O
V  N  F  L  Z  X  O  N  W  X  F  A  C  Þ
```

TRÉ
HENGIRÚM
BUSH
GRAS
ILLGRESI
BLÓM
ALDINGARÐUR
BÍLSKÚR
GARÐUR
MOKA

BEKKUR
GRASFLÖT
HRÍFA
GIRÐING
TJÖRN
JARÐVEGUR
VERÖND
TRAMPÓLÍN
SLÖNGUNA
VÍNVIÐUR

32 - Frutta

```
K  N  G  A  W  Y  W  B  R  Ó  M  B  E  R
W  I  P  B  Q  V  H  F  E  R  S  K  J  A
A  P  R  Í  K  Ó  S  A  O  U  Z  A  R  N
T  Q  Þ  S  V  Í  N  B  E  R  K  P  Q  A
U  Þ  T  B  U  P  B  Z  M  F  V  P  Z  N
D  K  R  I  W  B  A  N  A  N  I  E  T  A
B  T  P  B  D  C  E  W  N  T  Ð  L  Z  S
C  E  E  A  Z  L  V  R  G  A  O  S  K  V
U  P  R  Q  P  M  E  L  Ó  N  A  Í  Í  R
L  L  A  O  R  A  N  Q  T  Z  V  N  V  B
W  I  Y  Ð  Þ  G  Y  I  C  V  N  A  Í  A
A  V  Ó  K  A  D  Ó  A  Ð  W  D  S  J  Q
P  L  Ó  M  A  S  Í  T  R  Ó  N  U  Þ  J
H  I  N  D  B  E  R  J  U  M  W  M  T  Z
```

APRÍKÓSA	MANGÓ
ANANAS	EPLI
APPELSÍNA	MELÓNA
AVÓKADÓ	BRÓMBER
BER	PAPAYA
BANANI	PERA
KIRSUBER	FERSKJA
KÍVÍ	PLÓMA
HINDBERJUM	VÍNBER
SÍTRÓNU	

33 - Fattoria #2

```
X Á Ö B Ó N D I S N M I H Y
F V K N Ý H S L U I O Á V I
K E O Z D F A E S S L V E S
H I R Ð I R L D D Ý R Ö I M
L T N P B N D U N P L X T A
Ö U M D S G I D G I A T I T
Ð Z P M J W N R Æ N M U W U
U A Ð A U M G A S K A R M R
H Ð K Þ K B A N I X D B B N
Þ V T M T T R M R C Ý Y Ú V
D U M D X I Ð J J G R G N Ð
N X A S V B U Ó Ð K E G X A
Ð X X Y R T R L A M B R Þ W
I K E N G I Þ K E X S V Z H
```

LAMB
BÓNDI
BÝFLUGNABÚ
ÖND
DÝR
MATUR
HLÖÐU
ÁVÖXTUR
ALDINGARÐUR
HVEITI

ÁVEITU
LAMADÝR
MJÓLK
KORN
GÆSIR
BYGG
HIRÐIR
KIND
ENGI

34 - Dinosauri

```
X  R  E  S  Þ  S  H  A  L  I  N  U  J  L
F  O  Þ  O  F  G  B  G  D  R  J  E  V  O
G  O  Þ  T  O  S  Ö  R  S  V  E  Z  Æ  X
Í  B  R  Á  Ð  Y  F  I  T  E  G  U  N  D
F  J  Ó  S  Ð  A  L  M  Ó  Q  V  K  G  A
U  Þ  U  B  Ö  O  U  M  R  H  L  J  I  P
R  S  N  X  K  G  G  U  P  V  J  Ö  I  I
L  T  K  G  V  J  U  R  T  A  Æ  T  A  V
E  Y  B  R  E  D  R  L  E  R  U  Æ  A  X
G  O  M  N  I  V  O  R  E  F  S  T  H  S
U  S  E  V  V  Ð  Ð  S  O  G  B  A  E  T
R  X  V  F  G  L  D  S  P  L  U  Y  D  Æ
M  A  M  M  O  T  H  Ý  Z  N  D  M  X  R
Y  U  S  Z  S  P  P  H  R  J  Ö  R  Ð  Ð
```

VÆNGI	ÖFLUGUR
KJÖTÆTA	BRÁÐ
HALI	FORSÖGULEGUM
GÍFURLEGUR	SKRIÐDÝR
JURTAÆTA	HVARF
ÞRÓUN	TEGUND
STÓR	STÆRÐ
MAMMOTH	JÖRÐ
OMNIVORE	GRIMMUR

35 - Verdure

```
E  S  T  E  I  N  S  E  L  J  A  H  M  S
A  G  K  K  A  R  T  Ö  F  L  U  V  O  P
R  U  G  A  S  V  E  P  P  I  R  Í  I  Í
T  L  F  A  L  N  L  H  W  R  Æ  T  M  N
I  R  A  Y  L  O  W  F  H  H  Ð  L  P  A
H  Ó  H  G  H  D  T  O  P  Q  J  A  E  T
O  T  Ó  M  A  T  I  T  Z  F  A  U  A  G
K  F  C  W  V  D  O  N  L  A  U  K  U  R
E  N  G  I  F  E  R  D  T  A  V  U  E  A
M  Æ  T  S  P  M  U  O  L  M  U  R  V  S
D  P  Ð  A  S  E  L  L  E  R  Í  K  Q  K
M  A  M  L  G  T  L  F  E  U  D  S  U  E
X  H  V  A  G  Ú  R  K  U  Ð  G  M  S  R
A  W  R  T  S  P  E  R  G  I  L  K  Á  L
```

HVÍTLAUKUR	PEA
SPERGILKÁL	TÓMAT
ARTIHOKE	STEINSELJA
GULRÓT	NÆPA
GÚRKU	RÆÐJA
LAUKUR	SKALOTTLAUKUR
SVEPPIR	SELLERÍ
SALAT	SPÍNAT
EGGALDIN	ENGIFER
KARTÖFLU	GRASKER

36 - Scuola #2

```
K  P  L  V  T  Z  S  K  Æ  R  I  G  E  Q
E  A  E  M  B  Ó  K  M  E  N  N  T  I  R
N  P  S  E  G  L  Ó  H  B  Q  Y  P  O  M
N  P  T  N  B  Y  R  J  K  U  V  M  E  U
A  Í  U  N  B  L  Ý  A  N  T  U  R  D  M
R  R  R  T  Ö  L  V  U  W  U  E  U  A  Á
I  S  F  U  H  D  B  Í  R  Ú  T  U  G  L
N  Q  W  N  B  P  E  H  S  A  O  I  A  F
B  Ó  K  A  S  A  F  N  F  I  C  Þ  T  R
O  T  O  R  Ð  A  B  Ó  K  Z  N  E  A  Æ
G  S  T  Æ  R  Ð  F  R  Æ  Ð  I  D  L  Ð
O  X  N  L  E  I  K  I  R  X  U  C  I  I
A  K  A  D  E  M  Í  S  K  T  E  U  Þ  Y
B  Æ  K  U  R  B  A  K  P  O  K  I  W  V
```

AKADEMÍSKT	MÁLFRÆÐI
RÚTU	KENNARI
BÓKASAFN	BÓKMENNTIR
DAGATAL	LESTUR
PAPPÍR	BÆKUR
TÖLVU	STÆRÐFRÆÐI
ORÐABÓK	BLÝANTUR
MENNTUN	SKÓR
SKÆRI	VÍSINDI
LEIKIR	BAKPOKI

37 - Gentilezza

```
Á C Ð B Ö G A U M D V Y H M
Ð S Q S V R B L Í Ð U R E Ó
S C T J I E L S K A N D I T
V K P Ú R U M Á Y H T Á Ð T
I Q I K Ð H C K T Ð X R A Æ
N S W L I L Q I J U K A R K
A U Y I N C E D C Þ R U L I
L Y X N G I S G O O E Ð E L
E W L G U N N B U W K A G E
G Y Ð U S T M G X R T S U G
U Y S R D X Ð J H A A T R U
R H A M I N G J U S A M U R
M I S K U N N S A M U R C H
G E S T R I S I N N B D F A
```

ÁSTÚÐLEGUR
ÁRAUÐAST
VINALEGUR
ELSKANDI
GAUM
MISKUNNSAMUR
SKILNING
BLÍÐUR

HAMINGJUSAMUR
ÖRLÁTUR
EKTA
HEIÐARLEGUR
GESTRISINN
SJÚKLINGUR
MÓTTÆKILEGUR
VIRÐINGU

38 - Barbecue

```
H  M  Þ  P  S  S  X  F  K  B  A  L  B  Á
E  A  F  K  F  A  U  B  L  Q  A  Þ  A  V
I  T  Q  T  J  X  L  M  P  I  P  A  R  Ö
T  U  R  Ó  Ö  Ú  R  T  A  S  E  R  E  X
T  R  Z  N  L  V  K  E  K  R  D  R  J  T
O  Z  F  L  S  F  U  L  A  U  K  J  G  U
S  G  S  I  K  A  B  C  I  H  W  W  L  R
Y  R  A  S  Y  J  R  H  U  N  G  U  R  L
Þ  I  L  T  L  S  Ó  S  A  Í  G  Ð  X  E
B  L  Ö  C  D  E  K  H  U  F  S  U  P  I
R  L  T  D  A  T  T  Ó  M  A  T  A  R  K
I  F  K  V  Ö  L  D  M  A  T  U  R  D  I
H  Á  D  E  G  I  S  V  E  R  Ð  U  R  R
W  L  J  F  B  O  Ð  K  I  M  M  O  E  U
```

HEITT
KVÖLDMATUR
MATUR
LAUK
HNÍFA
SUMAR
HUNGUR
FJÖLSKYLDA
ÁVÖXTUR
LEIKIR

GRILL
SALÖT
BOÐ
TÓNLIST
PIPAR
KJÚKLINGUR
TÓMATAR
HÁDEGISVERÐUR
SALT
SÓSA

39 - Riempire

```
Ð  G  Y  F  L  Ö  S  K  U  M  N  A  Z  X
E  Y  X  M  E  H  U  W  T  Q  A  Z  A  V
P  A  K  K  I  R  Þ  X  Ð  Y  Ð  P  X  Þ
E  V  O  H  N  R  Ð  M  D  B  W  Þ  P  W
U  B  J  R  I  M  L  A  K  A  S  S  I  A
M  A  V  Y  F  W  I  Z  T  F  H  N  B  P
S  K  I  P  E  F  Y  D  R  Ö  V  Z  A  E
L  K  Y  P  O  T  T  U  R  F  S  O  G  N
A  I  Ú  F  A  A  U  I  N  K  N  K  J  N
G  V  R  F  V  S  N  N  V  A  S  I  U  N
R  Ö  R  A  F  K  N  L  A  R  V  A  S  A
F  Ö  T  U  N  A  U  E  N  F  Ð  K  R  S
L  W  E  B  W  H  U  U  K  A  S  S  I  M
B  K  B  H  F  U  J  V  L  L  A  Y  Y  Ð
```

TUNNU	PAKKI
TASKA	KASSI
FLÖSKU	FÖTU
UMSLAG	VASA
MAPPA	RÖR
RIMLAKASSI	FERÐATÖSKU
SKÚFFA	POTTUR
KARFA	VASI
SKIP	BAKKI

40 - Insetti

```
F L U G A O F F S W Z M O I
T Ð F L Ó D E I S H E A R O
K E M A N T I S Ð O N U M K
A G R A S K Ú L A R G R U Z
K X T M V Q T Ð F N I P R O
K M Ð C I C A D A E S L Þ P
A O Ö T S T F I Z T P Ö D P
L O Y L A D E B B E R N A I
A J Þ I X X L Í C E E T A E
K E F R Í P U R H B T U Q R
K Ð J V Þ L W O N B T L G Y
I B J A L L A H M O U Ú Z G
G E I T U N G U R F R S M D
F D R A G O N F L Y Y W L O
```

PLÖNTULÚS
BÍ
HORNET
GRASKÚLA
CICADA
FRÍPUR
BJALLA
MÖL
FIÐRILDI
MAUR

LIRVA
DRAGONFLY
ENGISPRETTUR
MANTIS
FLÓ
KAKKALAKKI
TERMITE
ORMUR
GEITUNGUR
FLUGA

41 - Erboristeria

```
O R Ó S M A R Í N Q P A M N
D H V Í T L A U K U R E A S
F I S T E I N S E L J A T M
G V L E S M L W J B Þ S R I
S Æ R L T A O M F E N N E L
A T Ð M R R F Y A F N Þ I J
F Y E I A J N N T N R X Ð N
F Z Y A G O A T I I D H S G
R U M Ð O R R U M Þ Z I L R
A Z U O N A B Y J H F T U Æ
N N X T W M L G A R Ð U R N
N Ð Q P Ð E Ó Y N R F R Z T
I S E P O Þ M O R E G A N O
Q A B A S I L B L Ó M C S V
```

HVÍTLAUKUR	LOFNARBLÓM
DILL	MARJORAM
ILMANDI	MYNTU
BASIL	OREGANO
MATREIÐSLU	STEINSELJA
ESTRAGON	GÆÐI
FENNEL	RÓSMARÍN
BLÓM	TIMJAN
GARÐUR	GRÆNT
EFNI	SAFFRAN

42 - Danza

```
K G H K Ó R E Ó G R A F X T
A L O H E F Ð B U N D I N I
V A P S V I P M I K I L L L
W Ð P A Æ F I N G J O Í I F
O U A M H Á S K Ó L I K S I
T R C T E T J L B A E A T N
M A X Ö B N Ó V D M H M Ó N
B E K K X G N J N Á Ð I N I
X B N T U M R I W W F K L N
A J I N U U Æ I N X É Ð I G
F H K I I R N D W G L I S R
Y T Q V J N W K X E A Ð T A
R T N Y H X G Q R T G R G J
K L A S S Í S K A P I B Q B
```

HÁSKÓLI
LIST
KLASSÍSKA
FÉLAGI
KÓREÓGRAF
LÍKAMI
MENNING
MENNINGAR
TILFINNING
SVIPMIKILL

GLAÐUR
NÁÐ
SAMTÖK
TÓNLIST
ÆFING
TAKTUR
HOPPA
HEFÐBUNDIN
SJÓNRÆN

43 - Commedia

```
S  Ð  V  C  K  A  U  T  F  H  I  Q  Q  Z
V  C  Y  Q  Þ  H  I  E  R  Y  Ú  L  T  V
I  S  N  J  A  L  L  G  W  Ú  N  M  F  D
P  K  L  Á  L  Á  R  U  Z  L  Ð  D  O  R
M  O  Ó  H  W  T  A  N  Ð  E  C  A  I  R
I  P  F  O  N  U  C  D  F  I  S  N  F  Ð
K  S  A  R  L  R  M  J  Þ  K  I  M  G  J
I  T  K  F  E  B  Q  A  M  K  K  Z  A  U
L  Æ  L  E  I  K  H  Ú  S  O  P  K  M  E
L  L  A  N  K  O  B  L  P  N  H  Þ  A  W
Q  I  P  D  A  I  M  E  U  A  O  V  N  Þ
K  N  P  U  R  S  J  Ó  N  V  A  R  P  J
K  G  Þ  R  I  I  P  A  I  D  Z  G  H  P
B  R  A  N  D  A  R  A  Y  O  Y  W  Z  F
```

LÓFAKLAPP   SNJALL
LEIKARI   SKOPSTÆLING
LEIKKONA   ÁHORFENDUR
TRÚÐA   HLÁTUR
FYNDIÐ   BRANDARA
GAMAN   LEIKHÚS
SVIPMIKILL   SJÓNVARP
TEGUND   HÚMOR
SPUNI

44 - Scuola #1

```
S  K  Ó  L  A  S  T  O  F  A  P  H  D  K
S  J  A  B  N  G  B  Ó  K  A  S  A  F  N
T  Y  Ð  L  L  A  G  L  U  O  U  O  N  R
Ó  Q  L  V  T  M  T  R  Ý  M  M  W  Z  Þ
L  H  Æ  J  T  A  O  U  P  A  I  Q  B  S
M  G  R  I  Q  N  B  X  R  S  N  M  Æ  T
M  Ö  A  M  K  Ð  L  F  Ó  K  L  T  K  A
E  M  P  A  P  P  Í  R  F  R  F  D  U  F
R  X  E  P  S  U  K  Z  V  I  N  I  R  R
K  W  N  Y  U  V  I  T  N  F  Ð  V  B  Ó
J  M  N  E  P  R  W  Ö  Y  B  Q  S  R  F
U  Þ  A  Ð  E  R  U  L  X  O  I  V  X  I
M  C  P  H  Y  R  Z  U  M  R  P  Ö  N  Ð
K  E  N  N  A  R  I  R  L  Ð  I  R  Z  W
```

STAFRÓFIÐ   BÆKUR
VINIR   MERKJUM
SKÓLASTOFA   BLÝANTUR
BÓKASAFN   TÖLUR
PAPPÍR   PENNA
MÖPPUR   AÐ LÆRA
GAMAN   SVÖR
PRÓF   SKRIFBORÐ
KENNARI   STÓL

45 - Fiori

```
O  T  N  O  Y  S  Ó  L  B  L  Ó  M  O  B
P  Ú  E  B  K  R  Ó  N  U  B  L  A  Ð  S
E  L  A  K  C  H  D  A  I  S  Y  G  U  L
O  I  S  F  Í  F  I  L  L  V  Ö  N  D  O
N  P  W  P  D  O  L  B  R  Ó  S  O  G  F
Y  A  S  M  Á  R  I  L  I  Y  H  L  C  N
F  N  G  J  X  C  L  W  Í  S  L  I  F  A
N  U  Y  W  Þ  H  Y  L  Þ  L  C  A  J  R
P  N  S  Q  I  I  P  C  E  A  A  U  A  B
T  P  T  K  A  D  Q  N  G  C  Ð  R  S  L
Y  O  Á  S  T  R  Í  Ð  U  B  L  Ó  M  Ó
D  P  G  P  L  U  M  E  R  I  A  K  I  M
Y  P  G  A  Þ  X  J  P  Y  X  P  N  N  N
K  Y  Þ  J  L  W  U  L  P  Z  E  Ð  E  V
```

FÍFILL	VÖND
TOGA	ORCHID
JASMINE	POPPY
LILY	ÁSTRÍÐUBLÓM
SÓLBLÓM	PEONY
HIBISCUS	KRÓNUBLAÐ
LOFNARBLÓM	PLUMERIA
LÍLA	RÓS
MAGNOLIA	SMÁRI
DAISY	TÚLIPAN

46 - Ecologia

```
S  Z  J  M  Ð  S  A  M  F  É  L  Ö  G  R
F  V  Y  A  S  J  Á  V  A  R  I  O  K  I
J  K  A  R  Z  Á  B  Ú  S  V  Æ  Ð  I  T
Ö  V  L  S  A  L  Þ  J  Ó  Ð  L  E  G  T
L  F  E  H  U  F  F  I  J  Þ  R  T  I  E
B  L  S  Ð  A  B  Þ  J  A  I  M  I  Þ  G
R  O  E  D  U  Æ  W  U  Ö  E  N  F  L  U
E  R  P  Ý  Ð  R  T  Z  R  L  I  F  U  N
Y  A  L  R  L  A  F  J  Y  R  L  R  I  D
T  O  Ö  A  I  D  G  A  L  Ð  K  A  G  Z
N  M  N  L  N  Þ  R  I  R  Q  A  A  Q  Þ
I  Z  T  Í  D  G  R  Ó  Ð  U  R  I  R  U
L  A  U  F  I  N  Á  T  T  Ú  R  A  N  D
N  Þ  R  Z  R  F  D  V  L  E  O  U  F  I
```

VEÐURFAR	NÁTTÚRAN
SAMFÉLÖG	MARSH
FJÖLBREYTNI	PLÖNTUR
DÝRALÍF	AUÐLINDIR
FLORA	ÞURRKAR
ALÞJÓÐLEGT	LIFUN
BÚSVÆÐI	SJÁLFBÆR
SJÁVAR	TEGUND
FJÖLL	GRÓÐUR

47 - Discipline Scientifiche

```
K  S  Á  L  F  R  Æ  Ð  I  M  R  D  G  N
V  C  T  N  V  N  C  A  R  L  C  H  R  Æ
G  A  P  G  M  É  B  Ð  I  M  E  C  A  R
V  M  H  Z  Z  V  L  I  S  S  Y  E  S  I
S  T  J  Ö  R  N  U  F  R  Æ  Ð  I  A  N
R  W  T  A  U  G  A  F  R  Æ  Ð  I  F  G
T  Ó  N  Æ  M  I  S  F  R  Æ  Ð  I  R  L
F  Z  V  V  I  S  T  F  R  Æ  Ð  I  Æ  Í
Q  M  J  A  R  Ð  F  R  Æ  Ð  I  I  Ð  F
L  Í  F  E  N  A  F  R  Æ  Ð  I  I  F
V  E  Ð  U  R  F  R  Æ  Ð  I  U  Z  F  R
M  Á  L  V  Í  S  I  N  D  I  S  U  D  Æ
F  É  L  A  G  S  F  R  Æ  Ð  I  G  D  Ð
U  L  Í  F  E  Ð  L  I  S  F  R  Æ  Ð  I
```

STJÖRNUFRÆÐI	MÁLVÍSINDI
LÍFEFNAFRÆÐI	VÉLFRÆÐI
LÍFFRÆÐI	VEÐURFRÆÐI
GRASAFRÆÐI	TAUGAFRÆÐI
VISTFRÆÐI	NÆRING
LÍFEÐLISFRÆÐI	SÁLFRÆÐI
JARÐFRÆÐI	FÉLAGSFRÆÐI
ÓNÆMISFRÆÐI	

48 - Scienza

```
L V E Ð U R F A R G C Ð A W
Þ Í S O H D Y E P L H Z G Þ
R H F R O S T E I N E F N I
Ó J M V Þ Þ D R F P G J I G
U Y I Z E A P L Ö N T U R I
N S K C F R P Ð Þ Z I F E S
J Ð K X Ð C U T I L R A U N
A S A M E I N D I R L W D I
T T I L G Á T A Ð F E R Ð U
H X Ó H Ö S T A Ð R E Y N D
U T J M G W Y X X G M H D Q
G X X B N N Á T T Ú R A N M
U Þ Y N G D A R A F L L L M
N R M Z E Ð L I S F R Æ Ð I
```

ATÓM
EFNI
VEÐURFAR
GÖGN
TILRAUN
ÞRÓUN
STAÐREYND
EÐLISFRÆÐI
ÞYNGDARAFL

TILGÁTA
AÐFERÐ
STEINEFNI
SAMEINDIR
NÁTTÚRAN
LÍFVERU
ATHUGUN
AGNIR
PLÖNTUR

49 - Acqua

```
R  I  G  N  I  N  G  H  M  Q  F  Á  D  S
R  G  E  Y  S  I  R  Q  W  G  L  V  R  T
A  Ö  Ð  Í  S  Í  K  U  R  E  Ó  E  Y  U
K  U  K  R  B  N  E  K  H  P  Ð  I  K  R
I  K  V  U  F  I  J  L  A  K  E  T  K  T
Z  P  D  S  M  E  Ö  Ó  F  P  I  U  J  U
G  U  F  U  S  F  L  F  R  O  S  T  A  N
M  O  N  S  Ú  N  D  L  M  R  Ð  J  R  K
U  P  P  G  U  F  U  N  I  X  H  H  H  V
V  Q  Y  Z  E  Ð  R  Z  R  B  D  U  Æ  Y
M  V  Ð  Y  Þ  P  X  N  I  I  Y  W  F  P
E  D  Ð  B  T  N  R  M  V  Z  W  L  T  Q
Þ  F  R  K  D  Z  E  T  E  L  Ð  H  U  Q
Ð  N  K  L  G  L  A  F  R  M  D  E  P  R
```

FLÓÐ	MONSÚN
SÍKUR	SNJÓR
STURTU	HAF
UPPGUFUN	ÖLDUR
RIVER	RIGNING
FROST	DRYKKJARHÆFT
GEYSIR	RAKI
ÍS	RÖKUM
ÁVEITU	FELLIBYLUR
LAKE	GUFU

50 - Gatti

```
F  Ð  O  X  Ó  H  Á  Ð  U  R  Þ  H  V  P
F  Y  N  D  I  Ð  V  I  L  L  T  C  C  E
B  L  X  F  X  Y  U  Y  X  C  Ð  Y  I  R
N  R  W  B  L  P  S  Q  F  E  K  S  F  S
U  Y  J  Y  J  V  M  I  E  V  J  F  O  Ó
R  I  R  Á  S  T  Ú  Ð  L  E  G  U  R  N
G  X  U  K  L  Ó  S  T  D  I  V  F  V  U
B  A  S  E  U  A  O  X  U  Ð  H  E  I  L
H  K  R  X  L  A  Ð  V  R  I  A  I  T  E
I  A  K  N  S  W  K  U  G  M  Þ  M  I  I
I  T  L  I  O  Ð  M  Y  R  A  L  I  N  K
U  T  Ó  I  F  N  G  Z  E  Ð  E  N  N  I
G  L  M  Q  A  Z  G  P  E  U  U  T  S  Þ
H  R  A  T  T  Þ  F  J  Ö  R  U  G  U  R
```

ÁSTÚÐLEGUR	ÓHÁÐUR
KLÓ	BRJÁLAÐUR
VEIÐIMAÐUR	FELDUR
HALI	PERSÓNULEIKI
FORVITINN	VILLT
FYNDIÐ	FEIMIN
SOFA	MÚS
GARN	HRATT
FJÖRUGUR	KLÓM

51 - Surf

```
M W Y V F V L T V V B Z Í X
E S P I L R E U C F Y H Þ R
I W G N K I O Ú E A L R R U
S M S S F F J Ð U B G A Ó T
T A E Æ G U Q A U Y J Ð T H
A M B L V B Q F A R A I T J
R A L L Q S R U M J X H A F
I F T Y X Z T F J A R A M Z
U W G U I G B Í M N G O A V
L M A N N F J Ö L D I I Ð E
K N M Q H T S Q I I T F U Ð
D V A R A C S T Y R K U R U
Y Y N A Ð S Y N D A Y O L R
E X T R E M E K B Þ U W B H
```

ÍÞRÓTTAMAÐUR
MEISTARI
GAMAN
EXTREME
MANNFJÖLDI
STYRKUR
VEÐUR
AÐ SYNDA
HAF
BYLGJA

VINSÆLL
BYRJANDI
FROÐU
RIF
FJARA
ÚÐA
STÍL
MAGI
HRAÐI

52 - Imbarcazioni

```
B  R  S  O  W  S  J  Ó  M  A  N  N  A  F
M  Y  N  E  S  J  Ó  M  A  Ð  U  R  Q  E
J  K  E  Z  G  J  H  X  S  G  Þ  M  X  R
Z  A  K  V  É  L  X  E  T  V  Þ  Y  H  J
E  K  K  A  N  Ó  B  U  U  Ö  A  K  K  A
Q  K  J  F  I  S  Y  Á  R  L  L  A  C  J
G  E  U  Q  F  T  I  H  T  D  P  J  D  J
Y  R  H  F  J  Ö  L  Ö  R  U  T  A  B  Ð
A  I  Z  Þ  Ö  Ð  L  F  E  R  R  K  Y  K
H  L  I  S  R  U  L  N  I  M  Y  Þ  Ð  R
O  A  A  J  U  V  S  W  P  F  Q  Z  A  I
B  N  F  Ó  D  A  B  A  I  H  K  H  A  V
W  A  Q  N  C  T  F  L  E  K  I  V  O  E
Q  Q  U  L  Z  N  M  E  T  I  G  S  W  R
```

MASTUR

AKKERI

SEGLBÁTUR

BAU

KANÓ

REIPI

ÁHÖFN

RIVER

KAJAK

STÖÐUVATN

SJÓ

FJÖRU

SJÓMAÐUR

VÉL

SJÓMANNA

HAF

ÖLDUR

FERJA

SNEKKJU

FLEKI

53 - Api

```
V I S T K E R F I J B F G Á
W Ð D R L N F M Q C Ú J A V
U A R E Y K U R M L S Ö G Ö
J P O M S V B L Ó M V L N X
S Y T G Y I Ý L K Y Æ B L T
Y U T V Ð K F S Ó N Ð R E U
H U N A N G L V Ó M I E G R
J O I X Ð P U T X L S Y Q N
M G N P Ð V G O Q W C T Ð V
G A G Y L Æ N W S J N N R Þ
A U T X F N A L Q Q S I M A
F R E U Y G B P L Ö N T U R
T P A L R I Ú S K O R D Ý R
F R J Ó K O R N G A R Ð U R
```

VÆNGI	REYKUR
BÝFLUGNABÚ	GARÐUR
GAGNLEG	BÚSVÆÐI
VAX	SKORDÝR
MATUR	HUNANG
FJÖLBREYTNI	PLÖNTUR
VISTKERFI	FRJÓKORN
BLÓM	DROTTNING
BLÓMSTRA	KVIK
ÁVÖXTUR	SÓL

54 - Conservazione

```
V E N M L M G I Q T J L B M
I N E E Í E X V L D Ð S R I
S D C N F N P E G Þ P J E N
T U G N R G H Ð I Q W Á Y N
K R G T Æ U H U Y Þ Q L T K
E V R U N N F R D U F F I A
R I Æ N T N O F I C J B N E
F N N R R X V A T N V Æ G E
I N T M Z H B R Ð G G R A Z
X A V A R N E I R I C R R O
U M H V E R F I S Þ L F Á K
Þ N Á T T Ú R U L E G T G S
Z T Z A V L B B Ú S V Æ Ð I
Q P F P G V G Y S Q A F T V
```

VATN
UMHVERFIS
BREYTINGAR
HRINGRÁS
VEÐURFAR
VISTKERFI
MENNTUN
BÚSVÆÐI
MENGUN

NÁTTÚRULEGT
LÍFRÆNT
VARNEIRI
ENDURVINNA
MINNKA
HEILSA
SJÁLFBÆR
GRÆNT

55 - Strumenti Musicali

```
G  Í  T  A  R  W  B  M  A  Ð  K  S  H  B
Y  O  S  Þ  I  G  Z  K  B  D  L  L  D  T
M  U  N  N  H  Ö  R  P  U  H  A  A  Y  W
C  Y  L  G  R  O  K  Í  M  A  R  G  T  L
Q  N  T  R  O  M  M  A  B  R  I  V  R  B
M  A  R  I  M  B  A  N  U  P  N  E  O  A
F  Ó  P  W  Ð  Á  N  Ó  R  A  E  R  M  C
T  I  B  Q  K  S  D  R  Ð  M  T  K  P  Þ
Ð  C  Ð  Ó  J  Ú  Ó  B  J  Y  T  X  E  Ð
C  Þ  K  L  H  N  L  A  F  L  A  U  T  U
Y  V  W  D  U  A  Í  N  F  A  G  O  T  T
F  Y  T  B  S  U  N  J  X  T  I  R  Ð  K
W  L  E  R  S  A  X  Ó  F  Ó  N  A  Y  K
E  U  C  G  G  F  F  S  E  L  L  Ó  Ð  V
```

MUNNHÖRPU
HARPA
BANJÓ
GÍTAR
KLARINETT
FAGOTT
FLAUTU
GONG
MANDÓLÍN
MARIMBA

ÓBÓ
SLAGVERK
PÍANÓ
SAXÓFÓN
BUMBUR
TROMMA
TROMPET
BÁSÚNA
FIÐLU
SELLÓ

56 - Professioni #2

```
R  G  R  D  Ð  T  C  Ð  C  L  T  L  B  Ú
R  H  W  A  L  P  O  B  N  G  E  F  L  T
V  Q  E  N  N  Æ  K  U  P  J  I  L  A  G
Q  Ð  B  S  K  N  K  W  Ð  U  K  U  Ð  E
Ð  S  Ó  Ð  J  Y  S  N  U  L  N  G  A  F
K  E  N  N  A  R  I  Ó  I  J  A  M  M  A
G  O  D  D  C  J  A  G  K  Z  R  A  A  N
M  E  I  U  Þ  Y  X  L  N  N  I  Ð  Ð  D
Á  F  I  W  D  O  Y  Z  W  V  I  U  U  I
L  M  H  M  Y  O  O  P  T  G  G  R  R  Y
A  W  L  P  F  T  A  N  N  L  Æ  K  N  I
R  E  I  N  K  A  S  P  Æ  J  A  R  A  L
I  P  L  Í  F  F  R  Æ  Ð  I  N  G  U  R
Ð  H  M  F  Q  U  Þ  I  G  K  B  S  U  G
```

BÓNDI
GEIMFARI
LÍFFRÆÐINGUR
TANNLÆKNI
EINKASPÆJARA
ÚTGEFANDI
BLAÐAMAÐUR

TEIKNARI
KENNARI
LÆKNI
FLUGMAÐUR
MÁLARI
RANNSÓKNIR

57 - Letteratura

```
S  M  L  Í  K  I  N  G  A  R  P  L  U  L
T  K  Y  Þ  E  M  A  D  D  O  Q  Ý  M  J
Í  L  Á  N  Æ  V  I  S  A  G  A  S  R  Ó
L  J  F  L  D  M  D  M  S  J  Y  I  Æ  Ð
R  Ó  Q  P  D  L  F  C  Y  W  R  N  Ð  G
V  Ð  U  M  V  S  Í  N  M  Þ  D  G  U  R
Q  R  U  H  X  X  A  K  Á  S  Y  Z  M  E
O  Æ  E  Ö  F  C  S  G  I  L  V  B  Þ  I
Y  N  Y  F  X  Y  L  T  A  N  I  R  Y  N
N  I  Ð  U  R  S  T  A  Ð  A  G  T  B  I
E  Z  I  N  R  R  D  K  U  L  W  W  L  N
B  F  H  D  R  Í  M  T  E  G  U  N  D  G
K  L  Q  U  E  X  L  U  W  R  U  V  X  F
H  Y  L  R  N  Q  X  R  I  I  S  S  L  Q
```

GREINING
LÍKINGAR
E.
HÖFUNDUR
ÆVISAGA
NIÐURSTAÐA
LÝSING
UMRÆÐU
TEGUND

MYNDLÍKING
ÁLIT
LJÓÐ
LJÓÐRÆN
RÍM
TAKTUR
SKÁLDSAGA
STÍL
ÞEMA

58 - Cibo #2

```
E  P  L  I  K  O  Þ  S  P  X  Þ  Þ  P  G
Q  G  B  W  N  S  Ú  K  K  U  L  A  Ð  I
J  Ó  G  Ú  R  T  X  D  Í  I  A  T  F  S
U  F  T  A  Þ  U  V  U  V  O  N  S  G  P
M  Q  W  N  L  R  M  O  Í  S  I  K  Z  E
K  Þ  Z  P  V  D  K  Y  X  Z  T  F  A  R
Z  J  U  S  Þ  Q  I  R  K  H  Ó  Z  F  G
S  E  L  L  E  R  Í  N  K  R  M  Q  I  I
S  V  E  P  P  I  R  E  G  G  A  M  S  L
H  R  Í  S  G  R  J  Ó  N  T  T  B  K  K
M  B  U  N  K  I  R  S  U  B  E  R  U  Á
B  M  K  P  B  A  N  A  N  I  O  A  R  L
D  T  S  H  V  E  I  T  I  F  Q  U  F  I
K  T  U  K  S  A  R  B  D  J  J  Ð  A  P
```

BANANI
SPERGILKÁL
KIRSUBER
SÚKKULAÐI
OSTUR
SVEPPIR
HVEITI
KÍVÍ
EPLI
EGGALDIN

BRAUÐ
FISKUR
TÓMAT
SKINKA
HRÍSGRJÓN
SELLERÍ
EGG
VÍNBER
JÓGÚRT

59 - Nutrizione

```
H  M  E  L  T  I  N  G  Ð  Þ  B  E  F  V
Þ  E  A  H  E  I  L  S  A  G  Ð  K  P  Ö
H  Y  I  T  E  I  T  U  R  E  F  N  I  K
H  Ð  N  L  A  R  G  Ð  G  K  X  O  A  V
U  C  M  G  B  R  G  Y  Æ  R  S  Ó  S  A
O  Ð  A  F  D  R  Æ  H  Ð  Y  Z  O  M  V
B  I  T  U  R  R  I  Ð  I  D  Q  U  G  Í
Z  M  A  S  E  A  Q  G  I  D  G  S  E  T
B  H  R  K  Þ  Æ  P  P  Ð  J  V  J  R  A
K  O  L  V  E  T  N  I  C  U  Q  Þ  J  M
W  Ð  Y  U  P  U  Q  S  F  Ð  R  Y  U  Í
D  Þ  S  Y  S  R  Ó  L  E  G  U  R  N  N
B  Ð  T  P  P  R  Ó  T  E  I  N  I  Q  G
C  Þ  H  I  T  A  E  I  N  I  N  G  A  R
```

BITUR
MATARLYST
RÓLEGUR
HITAEININGAR
KOLVETNI
ÆTUR
MATARÆÐI
MELTING
GERJUN
VÖKVA

ÞYNGD
PRÓTEIN
GÆÐI
SÓSA
HEILSA
HEILBRIGÐUR
KRYDD
EITUREFNI
VÍTAMÍN

60 - Matematica

```
M  A  R  G  H  Y  R  N  I  N  G  D  U  A
B  V  L  E  W  E  J  C  R  N  R  E  M  H
V  F  M  N  F  C  I  A  Ð  F  Ú  I  M  J
U  E  Þ  B  Q  Q  J  N  Ð  S  M  L  Á  Á
B  Z  L  A  U  K  A  S  T  A  F  D  L  L
B  R  C  D  T  Y  F  N  Ö  M  R  F  S  Í
I  M  O  D  I  A  N  X  L  H  Æ  E  U  Ð
N  R  H  T  B  S  A  M  U  L  Ð  R  M  A
D  P  A  H  W  R  V  A  R  I  I  N  M  L
I  X  C  Þ  R  L  N  Í  R  Ð  T  I  A  O
V  M  S  J  H  C  X  G  S  A  S  N  Þ  G
Þ  R  É  T  T  H  Y  R  N  I  N  G  U  R
S  A  M  H  V  E  R  F  U  P  R  U  P  A
H  O  R  N  Þ  V  E  R  M  Á  L  R  P  M
```

HORN	SAMHLIÐA
TÖLUR	HJÁLÍÐALOGRAM
UMMÁL	JAÐAR
AUKASTAF	MARGHYRNING
ÞVERMÁL	FERNINGUR
DEILD	RÉTTHYRNINGUR
JAFNA	SAMHVERFU
VELDISVÍSIR	SUMMA
BROT	BINDI
RÚMFRÆÐI	

61 - Meditazione

```
F  Þ  N  D  F  A  N  D  L  E  G  T  B  S
N  Ö  Á  H  S  T  Ó  N  L  I  S  T  D  A
C  G  T  U  A  H  I  Þ  E  O  J  P  T  M
S  N  T  G  M  U  M  U  O  V  Q  T  I  T
K  I  Ú  A  Ú  G  Ó  Ð  V  I  L  D  L  Ö
Ý  F  R  I  Ð  U  R  B  V  P  K  H  F  K
R  K  A  P  H  N  I  I  S  H  Þ  Þ  I  N
L  A  N  Ð  U  A  N  Y  A  A  V  A  N  S
E  O  V  Ð  G  U  T  H  M  M  P  K  N  T
I  J  G  Ö  S  N  X  H  Þ  I  K  K  I  Q
K  Q  S  N  A  R  O  Y  Y  N  A  L  N  D
I  U  Þ  D  N  L  E  V  K  G  Þ  Æ  G  X
V  Z  T  U  I  S  Z  L  K  J  L  T  A  B
U  E  V  N  R  U  G  U  I  A  I  I  R  X
```

SAMÞYKKI	HUGA
ATHYGLI	SAMTÖK
LOGN	TÓNLIST
SKÝRLEIKI	NÁTTÚRAN
SAMÚÐ	ATHUGUN
TILFINNINGAR	FRIÐUR
HAMINGJA	HUGSANIR
GÓÐVILD	ÖNDUN
ÞAKKLÆTI	ÞÖGN
ANDLEGT	

62 - Estate

```
V  W  U  D  B  S  L  H  R  M  A  T  U  R
D  Q  Y  D  Æ  K  L  H  Q  N  U  Í  S  L
C  V  Þ  K  K  Ó  X  Ö  U  W  U  M  T  L
B  N  X  F  U  W  G  B  K  L  H  I  J  E
V  I  G  A  R  Ð  U  R  O  U  E  S  Ö  Y
V  I  N  I  R  Í  K  Y  K  H  N  T  R  Q
Ú  T  J  Æ  Ð  A  J  A  R  E  Ð  I  N  G
E  C  L  H  W  U  V  U  H  I  Z  Z  U  L
W  Þ  Ð  E  Ð  L  S  J  Ó  M  F  E  R  E
T  Ó  N  L  I  S  T  X  W  Z  J  K  G  Ð
F  J  Ö  L  S  K  Y  L  D  A  A  Ö  N  I
Y  P  M  I  N  N  I  N  G  A  R  F  G  D
F  E  R  Ð  A  S  T  R  U  G  A  U  P  Þ
Þ  E  D  L  R  S  R  N  O  Q  H  N  Þ  U
```

VINIR	SJÓ
ÚTJÆÐA	TÓNLIST
HEIM	MINNINGAR
MATUR	SLÖKUN
FJÖLSKYLDA	SKÓ
GARÐUR	FJARA
LEIKIR	STJÖRNUR
GLEÐI	TÍMIST
KÖFUN	FRÍ
BÆKUR	FERÐAST

63 - Escursionismo

```
S T E I N A R N F Þ Y T N U
S Ú E T U E A M F R Ð H Á N
Ó T L A U B H K B E Z Y T D
L J E P D X K O A Y K M T I
H Æ Z F Þ D Ý R O T O S Ú R
A Ð Q H N Y H T Þ T T S R B
V A T N F U S N O U J T A Ú
I E K X C U M J Q R N Í N N
L B J A R G N Ö S P H G E I
L F W S T A B D R I I V T N
T J R Ð W R A F I K C É S G
W A J H J Ð T Z Y N U L S U
D L V E Ð U R F A R U N C R
J L S V D R Ð N S S V M H D
```

VATN	ÞUNGT
DÝR	STEINAR
ÚTJÆÐA	UNDIRBÚNINGUR
VEÐURFAR	BJARG
KORT	VILLT
FJALL	SÓL
NÁTTÚRAN	ÞREYTTUR
STEFNUMÖRKUN	STÍGVÉL
GARÐUR	FUNDINUM

64 - Professioni #1

```
S  L  S  Á  L  F  R  Æ  Ð  I  N  G  U  R
E  K  Ö  R  I  T  S  T  J  Ó  R  I  V  I
N  C  A  G  S  J  Ó  M  A  Ð  U  R  E  Ð
D  J  E  R  M  O  B  X  X  V  R  L  I  W
I  L  I  S  T  A  M  A  Ð  U  R  X  Ð  D
H  X  K  B  Þ  G  Ð  E  H  L  F  Y  I  A
E  B  N  Þ  V  Þ  R  U  X  Æ  Ð  W  M  N
R  N  V  V  É  L  V  I  R  K  I  Þ  A  S
R  Ð  H  K  K  X  P  H  P  N  U  O  Ð  A
A  J  A  R  Ð  F  R  Æ  Ð  I  N  G  U  R
Þ  J  Á  L  F  A  R  I  W  R  R  P  R  I
P  Í  A  N  Ó  L  E  I  K  A  R  I  L  Q
Í  Þ  R  Ó  T  T  A  M  A  Ð  U  R  C  Q
K  L  Æ  Ð  S  K  E  R  I  F  M  O  G  C
```

ÞJÁLFARI   JARÐFRÆÐINGUR
SENDIHERRA   SKARTGRIPIR
LISTAMAÐUR   SJÓMAÐUR
ÍÞRÓTTAMAÐUR   VÉLVIRKI
LÖGMAÐUR   LÆKNIR
DANSARI   PÍANÓLEIKARI
VEIÐIMAÐUR   SÁLFRÆÐINGUR
RITSTJÓRI   KLÆÐSKERI

65 - Antartide

```
L  A  N  D  A  F  R  Æ  Ð  I  Y  U  S  Q
V  N  Q  D  G  P  O  Z  C  Á  S  M  T  C
A  Í  A  N  Þ  V  C  Þ  K  L  V  H  E  B
T  Z  S  Í  Z  E  K  H  X  F  U  V  I  F
N  K  P  I  S  R  Y  D  U  U  A  E  N  Q
L  W  R  A  N  N  S  Ó  K  N  I  R  E  J
A  E  M  A  X  D  P  L  X  N  R  F  F  Ö
N  S  K  Ý  M  U  L  N  X  I  Þ  I  N  K
D  C  K  J  Z  N  E  E  Y  J  A  R  I  L
S  H  V  A  L  I  R  E  G  M  U  S  N  A
L  X  P  F  G  Þ  B  A  L  T  B  B  R  R
A  I  P  L  H  I  T  A  S  T  I  G  Z  G
G  G  W  Ó  L  E  I  Ð  A  N  G  U  R  C
Q  I  U  I  K  Ö  N  N  U  N  T  F  Y  X
```

VATN	EYJAR
UMHVERFI	STEINEFNI
FLÓI	SKÝ
HVALIR	SKAGI
VERNDUN	RANNSÓKNIR
ÁLFUNNI	ROCKY
KÖNNUN	VÍSINDLEGT
LANDAFRÆÐI	LEIÐANGUR
JÖKLAR	HITASTIG
ÍS	LANDSLAG

66 - Libri

```
H  W  A  A  S  Ð  M  F  B  T  Þ  Q  P  D
V  Ö  F  P  A  Z  L  R  Z  V  T  Y  E  Y
S  I  R  E  G  Q  L  U  G  Í  T  E  P  Z
Í  Ö  Ð  M  A  S  A  M  H  E  N  G  I  B
Ð  E  G  E  U  F  V  L  E  Ð  S  W  C  Ó
A  R  T  U  I  L  I  E  B  L  Ö  S  A  K
H  A  A  R  L  G  E  G  K  I  G  Ð  S  M
U  A  A  Q  J  E  A  G  F  N  U  R  K  E
G  O  C  X  Ó  N  G  N  A  Ð  M  H  R  N
K  W  Ð  I  Ð  R  Þ  T  D  G  A  B  I  N
S  K  Á  L  D  S  A  G  A  I  Ð  E  F  T
S  A  F  N  H  Ö  F  U  N  D  U  R  A  A
L  E  S  A  N  D  I  S  F  T  R  Ö  Ð  V
Æ  V  I  N  T  Ý  R  I  P  B  A  A  J  B
```

HÖFUNDUR	SÍÐA
ÆVINTÝRI	LJÓÐ
SAFN	VIÐEIGANDI
SAMHENGI	SKÁLDSAGA
TVÍEÐLI	SKRIFAÐ
EPIC	RÖÐ
FRUMLEG	SAGA
BÓKMENNTA	SÖGULEGT
LESANDI	HÖRMULEGA
SÖGUMAÐUR	

67 - Geografia

```
Y  F  I  R  R  Á  Ð  A  S  V  Æ  Ð  I  J
V  J  Q  Ð  R  Z  H  F  Q  H  B  L  B  Z
Á  S  V  Æ  Ð  I  M  V  L  K  O  R  T  R
H  L  L  E  N  G  D  A  R  G  R  Á  Ð  U
G  E  F  I  S  U  Ð  U  R  X  G  S  D  R
V  Y  I  U  A  T  L  A  S  Ð  X  J  L  C
I  J  J  M  N  O  U  B  Þ  I  W  Ó  Z  V
Y  A  A  K  U  N  O  R  I  V  E  R  C  J
K  H  R  M  E  R  I  D  I  A  N  O  Q  Y
Q  W  Ð  W  I  J  W  Y  O  C  O  O  W  T
F  J  A  L  L  U  H  Y  R  M  R  X  K  P
D  B  R  E  I  D  D  X  Z  E  Ð  H  M  Ð
F  X  Þ  V  A  R  P  W  Y  W  U  Z  G  O
H  Æ  Ð  K  J  I  L  A  N  D  R  N  R  M
```

HÆÐ	SJÓ
ATLAS	MERIDIAN
BORG	HEIMUR
ÁLFUNNI	FJALL
JARÐAR	NORÐUR
RIVER	VESTUR
EYJA	LAND
BREIDD	SVÆÐI
LENGDARGRÁÐU	SUÐUR
KORT	YFIRRÁÐASVÆÐI

68 - Cibo #1

```
Ð  R  J  O  A  N  P  S  C  N  Y  P  R  H
M  K  J  Ö  T  Æ  E  A  Í  L  J  E  J  V
O  Y  B  F  X  P  G  F  B  T  A  R  V  Í
X  E  N  F  S  A  L  A  T  L  R  A  T  T
M  P  T  T  F  S  S  Z  L  Q  Ð  Ó  Ú  L
Y  O  Q  P  U  P  A  K  A  K  A  M  N  A
B  A  S  I  L  Í  L  N  U  A  R  J  F  U
S  Y  K  U  R  N  T  G  K  N  B  Ó  I  K
B  K  W  Q  Q  A  P  V  U  I  E  L  S  U
Q  B  F  D  M  T  C  Z  R  L  R  K  K  R
N  A  J  T  G  B  Q  H  P  H  R  Y  U  S
J  T  F  L  L  Y  L  U  Z  L  Q  Ó  R  U
C  A  O  H  C  C  W  E  F  X  U  T  M
B  Y  G  G  U  E  W  J  M  H  L  A  H  S
```

HVÍTLAUKUR	MYNTU
BASIL	BYGG
KANIL	PERA
KJÖT	NÆPA
GULRÓT	SALT
LAUKUR	SPÍNAT
JARÐARBER	SAFA
SALAT	TÚNFISKUR
MJÓLK	KAKA
SÍTRÓNU	SYKUR

69 - Aeroplani

```
N  H  Ð  L  S  T  J  Ó  R  N  M  Á  L  E
Á  H  Æ  Ð  A  Ð  C  F  H  H  Ð  V  É  L
H  F  L  U  G  M  A  Ð  U  R  P  Ð  Q  D
Ö  Þ  Ð  N  A  V  F  B  V  Q  N  C  W  S
F  A  V  K  O  Þ  E  A  H  I  M  I  N  N
N  S  T  E  F  N  U  T  R  Ö  M  B  D  E
B  L  Ö  Ð  R  U  U  Æ  N  Þ  N  D  O  Y
P  H  X  N  G  L  P  V  B  I  E  N  G  T
Q  C  O  L  G  E  P  I  Ó  X  M  G  U  I
K  E  A  Þ  W  N  R  N  K  M  V  S  I  N
L  O  F  T  M  D  U  T  Y  J  K  J  H  D
S  M  Í  Ð  I  I  N  Ý  R  K  Ð  U  Z  X
C  Y  L  C  K  N  A  R  R  Y  V  D  Z  Ð
S  I  G  L  A  G  R  I  Ð  H  B  T  Þ  P
```

HÆÐ	UPPRUNA
LOFT	ÁHÖFN
STJÓRNMÁL	VETNI
LENDING	VÉL
ÆVINTÝRI	SIGLA
ELDSNEYTI	BLÖÐRU
HIMINN	FARÞEGI
SMÍÐI	FLUGMAÐUR
HÖNNUN	SAGA
STEFNU	ÓKYRRÐ

70 - Pirati

```
G O G S H K J E P Y I P Á V
S A U V W U K O R T C Á T W
T D L Q L X B F B Y Y F T B
H Y L Z X J B L X G Þ A A R
K Æ U W C S L Æ M T J G V O
A V T W N V U Z Y N Ó A I M
P I V T Ö E V C N Y Ð U T M
T N S D A R D O T Þ S K A E
E T V Z Þ Ð B E Y J A U M H
I Ý F B W F V R N Ð G R L E
N R L R I J Á J Z A A S Þ L
Q I X U U A B N P V Ð K L L
I S D S C R X X A K K E R I
Y J N J Y A Á H Ö F N C Z Þ
```

AKKERI
ÆVINTÝRI
FÁNA
ÁTTAVITA
KAPTEIN
SLÆMT
ÖR
ÁHÖFN
HELLI
EYJA

ÞJÓÐSAGA
KORT
MYNT
GULL
PÁFAGAUKUR
HÆTTA
ROMM
SVERÐ
FJARA

71 - Colori

```
A  F  J  Ó  L  U  B  L  Á  R  S  E  R  U
F  P  Q  G  T  D  O  F  X  P  P  T  C  Þ
U  B  P  D  V  W  B  J  W  D  Y  R  E  M
C  L  G  E  B  R  Ú  N  T  S  E  P  I  A
H  Á  U  P  L  H  V  U  E  D  V  O  C  G
S  R  L  B  E  S  B  E  I  G  E  A  F  E
I  C  U  Þ  I  L  Í  W  O  S  R  H  R  N
A  F  R  Ð  K  Z  O  N  Y  Q  Z  Á  F  T
V  B  J  R  U  G  Q  L  A  F  T  U  R  A
B  L  Á  G  R  Æ  N  N  I  N  D  I  G  O
G  R  Æ  N  T  G  G  X  O  D  T  A  M  C
O  D  J  X  Þ  S  Z  H  V  Í  T  U  R  Z
B  L  B  A  R  L  R  S  V  W  E  P  Y  B
T  Þ  M  T  W  K  Z  R  A  U  Ð  U  R  V
```

APPELSÍNA
AFTUR
BEIGE
HVÍTUR
BLÁR
BLÁGRÆNN
FUCHSIA
GULUR
GRÁR

INDIGO
MAGENTA
BRÚNT
SVART
BLEIKUR
RAUÐUR
SEPIA
GRÆNT
FJÓLUBLÁR

72 - Spiaggia

```
S  J  Ó  S  E  G  L  B  Á  T  U  R  D  H
Ó  K  Z  Ð  S  A  Ó  R  S  V  B  Ð  O  A
L  O  Ó  I  P  C  N  Y  U  X  M  E  I  N
M  Ð  Þ  G  B  Ð  W  G  I  Þ  W  Y  X  D
F  K  K  Q  T  Q  S  G  P  U  W  J  B  K
B  L  Á  R  H  P  B  J  K  Þ  L  A  G  L
F  Á  I  M  E  Q  F  U  R  Y  Q  Ð  R  Æ
T  S  T  R  Ö  N  D  I  N  N  I  S  E  Ð
Z  L  J  U  B  R  W  U  F  F  N  Y  G  I
L  Z  K  K  R  A  B  B  I  N  Þ  N  N  K
Y  X  V  O  I  U  L  H  L  R  C  D  H  S
A  J  S  O  F  H  U  V  Ð  P  K  A  L  Þ
V  E  B  N  S  I  A  M  V  P  W  J  Í  U
B  S  A  N  D  U  R  F  R  Í  I  Ð  F  G
```

HANDKLÆÐI   SJÓ
BÁTUR   AÐ SYNDA
SEGLBÁTUR   HAF
BLÁR   REGNHLÍF
STRÖNDINNI   SANDUR
BRYGGJU   SKÓ
KRABBI   RIF
EYJA   SÓL
LÓN   FRÍ

73 - Avventura

```
T  T  E  P  G  T  Y  E  H  Q  Ö  I  F  S
Z  H  Æ  T  T  U  L  E  G  T  R  X  E  K
Z  Á  S  K  O  R  A  N  I  R  Y  Ð  R  O
S  I  G  L  I  N  G  A  R  E  G  D  Ð  Ð
E  V  R  Q  A  F  Þ  U  F  H  G  Ó  A  U
K  L  A  V  D  H  Æ  F  T  U  I  V  S  N
H  T  D  N  K  N  F  R  R  G  Y  E  T  A
P  E  K  M  D  K  E  V  I  R  K  N  I  R
P  B  Z  Y  Ó  I  G  I  L  E  Z  J  P  F
G  L  E  Ð  I  Ð  U  N  V  K  B  U  H  E
B  G  G  A  J  M  R  I  U  K  L  L  T  R
F  K  B  Q  N  V  Ð  R  P  I  W  E  O  Ð
F  E  R  Ð  A  Á  Æ  T  L  U  N  G  Þ  H
N  Á  T  T  Ú  R  A  N  G  N  Ý  T  T  Z
```

VINIR
VIRKNI
FEGURÐ
HUGREKKI
VANDI
ELDMÓÐ
SKOÐUNARFERÐ
GLEÐI
ÓVENJULEGT

FERÐAÁÆTLUN
NÁTTÚRAN
SIGLINGAR
NÝTT
TÆKIFÆRI
HÆTTULEGT
ÁSKORANIR
ÖRYGGI
FERÐAST

74 - Forme

```
P  Y  Ð  F  K  Ú  L  A  R  C  C  H  H  A
Ý  B  O  E  E  H  Y  P  E  R  B  O  L  A
R  R  P  R  I  S  M  N  Q  É  V  A  I  M
A  Ú  G  I  L  Y  T  Þ  M  T  D  Z  Ð  G
M  N  D  L  A  O  G  X  B  T  U  G  C  T
Í  I  B  L  I  O  B  S  Ð  H  O  R  N  M
D  R  Ð  Þ  T  L  M  A  Y  F  M  Þ  V
A  Q  D  V  F  C  S  P  O  R  B  A  U  G
L  H  R  I  N  G  G  B  Þ  N  O  V  Y  Z
I  Í  D  K  O  B  W  Z  K  I  W  K  S  Y
T  E  N  I  N  G  U  R  A  N  T  Q  K  Z
T  Q  Y  A  J  O  H  O  X  G  C  T  G  A
F  E  R  N  I  N  G  U  R  U  T  E  T  Ð
R  B  P  M  A  R  G  H  Y  R  N  I  N  G
```

HORN	HYPERBOLA
ARC	HLIÐ
BRÚNIR	LÍNA
HRING	PÝRAMÍDA
STROKKA	MARGHYRNING
KEILA	PRISM
TENINGUR	FERNINGUR
FERILL	RÉTTHYRNINGUR
SPORBAUG	KÚLA

75 - Oceano

```
Q  T  H  B  M  N  J  I  Þ  Z  M  P  P  K
T  Ú  Ð  L  Þ  A  K  Ó  R  A  L  L  G  O
N  N  O  H  Ö  F  R  U  N  G  U  R  S  L
R  F  P  Á  L  L  A  G  A  L  Q  F  A  K
S  I  L  B  D  Z  B  W  L  P  E  N  L  R
S  S  H  V  U  Ð  B  S  D  Y  C  F  T  A
M  K  V  C  R  H  I  T  V  Q  T  Þ  H  B
F  U  C  Z  P  T  P  T  S  A  Q  T  V  B
I  R  Þ  H  L  K  P  P  Ð  R  M  Þ  A  I
S  T  O  R  M  U  R  V  F  Æ  R  P  L  M
K  L  Þ  C  O  S  T  R  A  K  I  S  U  D
U  R  H  Á  K  A  R  L  Ð  J  F  N  R  R
R  B  Á  T  U  R  Þ  P  H  A  K  P  Þ  Þ
S  J  Á  V  A  R  F  Ö  L  L  F  O  A  Þ
```

ÁLL
HVALUR
BÁTUR
KÓRALL
HÖFRUNGUR
RÆKJA
KRABBI
SJÁVARFÖLL
MARGLYTTA
ÖLDUR

OSTRA
FISKUR
KOLKRABBI
SALT
RIF
SVAMPUR
HÁKARL
STORMUR
TÚNFISKUR

76 - Famiglia

```
I  W  Z  A  D  N  W  E  F  M  Ó  Ð  U  R
E  I  G  I  N  M  A  Ð  U  R  Ó  O  O  T
Ð  Ð  H  T  Ð  Z  C  R  T  A  Æ  Ð  Q  L
F  A  Ð  I  R  Þ  E  Q  T  M  R  N  I  T
U  F  D  Ó  T  T  I  R  B  M  Ð  D  D  R
T  I  B  A  S  C  G  F  Ö  A  C  K  I  I
S  V  S  I  G  B  I  F  R  Æ  N  K  A  N
Y  E  Í  T  Z  Ð  N  Ð  N  M  L  L  Y  G
S  J  X  B  E  W  K  B  R  Ó  Ð  I  R  A
T  L  T  I  U  F  O  R  F  A  Ð  I  R  R
I  K  M  B  A  R  N  W  A  I  E  V  C  B
R  H  B  A  N  Q  A  M  V  F  N  N  G  Q
Q  O  O  K  Þ  C  G  R  S  N  Q  K  P  I
B  A  R  N  Æ  S  K  A  W  K  K  Ð  P  Z
```

FORFAÐIR
BÖRN
BARN
DÓTTIR
BRÓÐIR
TVÍBURAR
BARNÆSKA
MÓÐIR
EIGINMAÐUR

MÓÐUR
EIGINKONA
FRÆNDI
AMMA
AFI
FAÐIR
INGAR
SYSTIR
FRÆNKA

77 - Veicoli

```
F  R  E  I  Ð  H  J  Ó  L  K  V  F  V  F
L  Ú  Ð  J  T  J  Z  T  P  A  E  L  P  E
K  T  B  N  L  Ó  D  U  V  R  X  E  O  R
K  U  E  J  F  L  U  G  V  É  L  K  M  J
V  A  F  F  C  H  D  H  K  L  G  I  U  A
Ö  A  F  Þ  X  Ý  E  L  D  F  L  A  U  G
R  S  R  B  R  S  K  U  T  L  A  Q  G  W
U  Þ  E  Á  Á  I  K  B  Í  L  L  V  L  K
B  K  K  T  C  T  Q  I  D  B  Þ  É  E  G
Í  Ð  J  U  P  A  U  Q  G  L  R  L  S  B
L  Þ  Y  R  L  A  G  R  B  O  R  O  T  I
L  A  I  E  V  E  S  P  U  L  K  G  Q  I
V  R  Ð  L  O  W  M  P  T  A  X  I  Þ  X
S  J  Ú  K  R  A  B  Í  L  L  I  V  S  N
```

FLUGVÉL	SKUTLA
SJÚKRABÍLL	DEKK
BÍLL	ELDFLAUG
RÚTU	VESPU
BÁTUR	KAFBÁTUR
REIÐHJÓL	TAXI
VÖRUBÍLL	FERJA
HJÓLHÝSI	LEST
ÞYRLA	FLEKI
VÉL	

78 - Emozioni

```
E  F  S  Ð  X  G  Ó  Ð  V  I  L  D  U  V
F  U  O  V  L  K  G  T  H  R  E  X  N  A
N  L  R  U  W  D  T  A  T  E  I  S  F  N
I  L  G  X  Ð  C  A  F  R  I  Ð  U  R  D
E  N  A  Z  U  P  X  S  Ó  Ð  I  L  Þ  R
Y  Æ  L  M  J  F  T  L  D  I  N  T  A  Æ
M  G  K  Á  S  T  L  A  K  C  D  B  K  Ð
S  T  Z  C  A  Æ  W  P  T  M  I  R  K  A
L  P  W  G  M  T  L  P  E  Q  N  V  L  L
I  T  E  K  Ú  H  P  A  A  J  Q  T  Á  E
Z  U  N  N  Ð  N  T  Ð  L  O  G  N  T  G
W  N  Þ  E  N  F  E  U  O  R  Ð  Z  U  U
E  R  Y  L  Þ  T  A  R  E  N  S  R  R  R
G  L  E  Ð  I  F  L  É  T  T  I  R  V  E
```

ÁST
SÆLA
LOGN
EFNI
SPENNT
GÓÐVILD
GLEÐI
ÞAKKLÁTUR
VANDRÆÐALEGUR
LEIÐINDI

FRIÐUR
ÓTTI
REIÐI
AFSLAPPAÐUR
LÉTTIR
SAMÚÐ
FULLNÆGT
EYMSLI
RÓ
SORG

79 - Natura

```
X Y D M T S M B C S C E T X
Z V O W M K E V Ð E K Ð Þ M
O J Y M K Ó B R Þ Z V Ý C V
L Í F L E G T I E O I P X P
G A L Ð V U U V G N K F U T
F X Q O P R E E Ð S E A U W
B Ý F L U G U R J Ö K U L L
D Ý R H E L G I D Ó M U R S
F A R K T Í S K U R D O F K
T B T R O P I C A L X U E J
F J Ö L L K Q V I L L T G Ó
S T N N E J R O F F X Þ U L
E Y Ð I M Ö R K Ð P Þ R R B
U Y B D E I F Y G R Q V Ð K
```

DÝR
BÝFLUGUR
ARKTÍSKUR
FEGURÐ
EYÐIMÖRK
KVIK
ROF
RIVER
SM
SKÓGUR

JÖKULL
FJÖLL
ÞOKA
SKÝ
SKJÓL
HELGIDÓMUR
VILLT
SERENE
TROPICAL
LÍFLEGT

80 - Balletto

```
A  T  S  T  G  L  V  Þ  A  E  T  H  V  B
I  I  V  A  L  Ó  Á  M  O  M  Æ  O  Ö  A
E  B  I  K  K  F  H  T  W  V  K  R  Ð  L
Æ  A  P  T  Ó  A  L  Z  B  G  N  M  V  L
U  F  M  U  R  K  J  S  H  R  I  T  A  E
U  T  I  R  E  L  Ó  U  W  T  A  T  Q  R
S  U  K  N  Ó  A  M  L  G  Q  R  G  A  Í
D  Ó  I  B  G  P  S  T  Í  L  L  H  Ð  N
L  S  L  Z  R  P  V  H  Æ  F  N  I  I  A
F  W  L  Ó  A  Þ  E  D  C  W  E  F  T  M
J  C  N  O  F  L  I  S  T  R  Æ  N  N  C
T  Ó  N  L  I  S  T  Ó  N  S  K  Á  L  D
D  A  N  S  A  R  A  R  H  G  N  Y  D  T
Á  H  O  R  F  E  N  D  U  R  X  T  V  W
```

HÆFNI	LÁTBRAGÐ
LÓFAKLAPP	VÖÐVA
LISTRÆNN	TÓNLIST
SÓLÓ	HLJÓMSVEIT
BALLERÍNA	ÆFING
DANSARAR	ÁHORFENDUR
TÓNSKÁLD	TAKTUR
KÓREÓGRAF	STÍL
SVIPMIKILL	TÆKNI

81 - Castelli

```
P U B H E S T U R Ð G T Þ Ð
R N U E C Y K H G Y Ö O T K
I I R I D D A R I Z F I W A
N C Í M R A K Y S Z U F Q D
S O K S E S P Ó V E G G E Þ
E R I V K H R F R S T I H V
S N P E I C I E T Ó H Ö L L
S P X H D A N U U V N A H T
A Ð V N S T S D R H Í A F V
B R Y N J A C A N W M G X R
S V E R Ð P T L Ð A G X I O
N L X P Q U S D Y N A S T Y
N O L H N L S K J Ö L D U R
U S Z Q M T J W S H I O E C
```

BRYNJA	GÖFUGT
CATAPULT	HÖLL
RIDDARI	VEGG
HESTUR	PRINS
KÓRÓNA	PRINSESSA
DYNASTY	RÍKI
DREKI	SKJÖLDUR
FEUDAL	SVERÐ
VÍGI	TURN
HEIMSVE	UNICORN

82 - Campionato

```
Ð  K  I  I  E  Þ  Ú  H  G  M  Z  J  X  S
C  Q  B  Y  L  V  Þ  R  E  K  I  V  K  V
F  S  I  M  Z  Y  P  F  S  I  G  U  R  I
R  S  U  M  R  G  C  F  T  L  Q  H  H  T
A  C  Y  O  Y  S  G  Þ  D  E  I  L  D  I
M  E  I  S  T  A  R  I  Ó  G  D  T  S  E
M  Ó  L  E  I  K  I  R  M  R  X  F  A  X
I  V  T  O  R  P  H  V  A  T  N  I  N  G
S  M  E  D  A  L  Í  A  R  I  B  I  Þ  I
T  S  T  E  F  N  U  B  I  U  K  A  V  J
A  Ú  R  S  L  I  T  Y  P  K  Y  T  D  A
Ð  Í  Þ  R  Ó  T  T  I  R  L  C  G  O  Ð
A  Þ  J  Á  L  F  A  R  I  I  I  Ð  T  N
L  L  D  P  X  C  K  J  E  F  O  Ð  X  B
```

ÞJÁLFARI	FRAMMISTAÐA
ÚRSLITA	ÞREK
MEISTARI	ÍÞRÓTTIR
ÚRSLIT	LIÐ
LEIKIR	STEFNU
DÓMARI	SVITI
DEILD	MÓT
MEDALÍA	SIGUR
HVATNING	

83 - Foresta Pluviale

```
F  Z  Ð  Y  V  S  A  S  D  X  D  S  A  D
D  F  U  G  L  A  R  N  R  C  Ý  A  K  V
F  R  U  M  B  Y  G  G  J  A  R  M  V  Ý
B  O  T  A  N  I  C  A  L  Ð  M  F  A  G
N  S  P  E  N  D  Ý  R  I  R  Æ  É  R  V
Á  K  Q  N  G  Y  E  E  F  X  T  L  Ð  E
T  D  V  D  G  P  U  A  U  N  U  A  V  Ð
T  Ý  A  V  I  R  Ð  I  N  G  R  G  E  U
Ú  R  F  J  Ö  L  B  R  E  Y  T  N  I  R
R  E  N  D  U  R  R  E  I  S  N  H  S  F
A  T  H  V  A  R  F  M  C  A  W  V  L  A
N  G  R  B  Ð  J  R  O  P  Z  U  A  U  R
X  Z  D  F  R  U  M  S  K  Ó  G  U  R  Z
T  E  G  U  N  D  S  S  K  O  R  D  Ý  R
```

FROSKDÝR	NÁTTÚRAN
BOTANICAL	SKÝ
VEÐURFAR	VARÐVEISLU
SAMFÉLAG	DÝRMÆTUR
FJÖLBREYTNI	ENDURREISN
FRUMSKÓGUR	ATHVARF
FRUMBYGGJA	VIRÐING
SKORDÝR	LIFUN
SPENDÝR	TEGUND
MOSS	FUGLAR

84 - Edifici

```
S E N D I R Á Ð Y C C K V K
A R S L E I K H Ú S T V Ö A
T Ð S A H Á S K Ó L I I L S
I X K X F N P B Z M M K L T
A O Ó B F N O Y E E A M I A
B H L Ö Ð U C K T C F Y N L
I Æ I N Q M T J A L D N N I
D Ð R Ð T H U Y D X H D S H
O M A T V Ö R U B Ú Ð A Þ Ú
W Q I L U F N G O B Ð H G S
V E R K S M I Ð J U Z Ú B A
Í B Ú Ð H Ó T E L I R S N T
O B S E R V A T O R Y O V B
K L E F A S J Ú K R A H Ú S
```

SENDIRÁÐ
ÍBÚÐ
KLEFA
HÚS
KASTALI
KVIKMYNDAHÚS
VERKSMIÐJU
BÆR
HLÖÐU
HÓTEL

SAFN
SJÚKRAHÚS
OBSERVATORY
SKÓLI
VÖLLINN
MATVÖRUBÚÐ
LEIKHÚS
TJALD
TURN
HÁSKÓLI

85 - Paesi #2

```
J  Þ  Z  F  Z  I  M  N  Z  O  I  P  R  H
A  X  K  K  G  Þ  V  E  E  O  C  O  Ú  A
P  A  K  I  S  T  A  N  X  P  Q  D  S  Í
A  C  E  W  Ú  A  U  D  A  Í  A  L  S  T
N  Z  W  I  D  X  F  C  L  R  K  L  L  Í
Ð  W  I  Y  A  I  F  N  B  L  I  Ó  A  Ú
M  F  N  C  N  U  G  Í  A  A  N  E  N  K
J  A  M  A  Í  K  A  G  N  N  D  Þ  D  R
J  I  J  C  Þ  C  D  E  Í  D  Ó  Í  Ú  A
D  A  N  M  Ö  R  K  R  A  Ð  N  Ó  G  Í
V  X  M  I  M  E  Y  Í  S  X  E  P  A  N
L  A  O  S  Ý  R  L  A  N  D  S  Í  N  A
R  F  V  S  Ð  L  Í  B  E  R  Í  A  D  A
G  R  I  K  K  L  A  N  D  B  A  Z  A  J
```

ALBANÍA	LÍBERÍA
DANMÖRK	MEXÍKÓ
EÞÍÓPÍA	NEPAL
JAMAÍKA	NÍGERÍA
JAPAN	PAKISTAN
GRIKKLAND	RÚSSLAND
HAÍTÍ	SÝRLAND
INDÓNESÍA	SÚDAN
ÍRLAND	ÚKRAÍNA
LAOS	ÚGANDA

86 - Tipi di Capelli

```
S  V  A  R  T  M  G  M  H  O  B  H  F  S
I  K  Z  Q  A  F  J  I  R  A  R  E  L  T
L  H  Ö  Ð  I  M  J  Ú  O  K  Ú  I  É  U
F  P  V  L  A  N  G  T  K  R  N  L  T  T
U  S  Þ  Í  L  F  Q  K  K  U  T  B  T  T
R  B  H  J  T  Ó  Y  Q  I  L  R  R  U  Þ
L  I  T  A  Ð  U  T  O  Ð  L  S  I  M  U
Þ  Y  K  K  U  R  R  T  S  A  L  G  H  R
N  Þ  U  N  N  U  R  G  U  S  É  Ð  Y  R
E  K  B  F  L  É  T  T  U  R  T  U  C  H
L  J  Ó  S  H  Æ  R  Ð  U  R  T  R  B  M
J  J  I  B  Ð  N  X  P  G  S  H  C  D  I
H  X  Q  A  O  C  T  D  Q  L  L  X  P  P
Ð  D  X  R  Z  G  R  Á  R  A  F  C  P  U
```

SILFUR	LANGT
ÞURR	BRÚNT
HVÍTUR	MJÚKUR
LJÓSHÆRÐUR	SVART
STUTT	HROKKIÐ
SKÖLLÓTTUR	KRULLA
LITAÐ	HEILBRIGÐUR
GRÁR	ÞUNNUR
FLÉTTUM	ÞYKKUR
SLÉTT	FLÉTTUR

87 - Vestiti

```
S K Ó R J J J T P D A K K H
Þ K Á P U Y A V I G P F P A
Q J Ó I S X M K C H J U H T
J Ó W L V Þ Ð L K K Ð N A T
J L A S U I N R J I S M N U
M L B W N N S K Y R T A S R
B N G A T Á B L Ú S S A K A
U E A Ð U T R E F I L R A R
X P L C C T H Á L S M E N M
U E Þ T E F G V L Z Y W B B
R Y P I I Ö T Í S K A U V A
D S H B Þ T S G G D D D Z N
G A L L A B U X U R R S R D
I W U S T U J L X F A G T S
```

KJÓLL

ARMBAND

BLÚSSA

SKYRTA

HATTUR

KÁPU

BELTI

HÁLSMEN

JAKKI

PILS

SVUNTU

HANSKA

GALLABUXUR

PEYSA

TÍSKA

BUXUR

NÁTTFÖT

SKÓ

SKÓR

TREFIL

88 - Attività e Tempo Libero

```
G A R Ð Y R K J A D C S Q Y
I I E P Þ Á H U G A M Á L I
A Þ F S V E R S L A Þ E I L
H Ú Ó F E R Ð A S T B X Þ N
A T T G Ö N G U F E R Ð I R
F E B J G O L F V E I Ð I M
N N O J Æ W W O K X F W N A
A N L C S Ð O B H R T Ð P B
B I T R U K A L I S W R T U
O S I H N E F A L E I K A R
L I S T D Þ W K Ö F U N D Q
T A F S L A P P A N D I Þ J
I Ð S Ð M Á L V E R K W U J
K Ö R F U B O L T I Q S I O
```

LIST
HAFNABOLTI
KÖRFUBOLTI
HNEFALEIKAR
FÓTBOLTI
ÚTJÆÐA
GÖNGUFERÐIR
GARÐYRKJA
GOLF
ÁHUGAMÁL

KÖFUN
SUND
BLAK
VEIÐI
MÁLVERK
AFSLAPPANDI
VERSLA
TENNIS
FERÐAST

89 - Tecnologia

```
S  T  V  Q  S  B  F  P  B  S  Ö  V  M  O
R  K  Ð  W  K  F  D  H  L  N  R  E  L  H
C  A  J  I  R  S  Z  U  O  M  Y  I  E  U
P  T  U  Á  Á  Y  K  R  G  Y  G  R  T  G
R  Ö  R  N  R  F  Þ  I  G  N  G  A  U  B
V  L  B  E  V  D  G  L  L  D  I  Z  R  Ú
A  F  Æ  T  A  E  P  E  M  A  G  Ö  G  N
F  R  T  I  T  K  R  D  L  V  B  K  E  A
R  Æ  I  Ð  V  U  D  U  I  É  A  O  R  Ð
A  Ð  Q  B  E  N  D  I  L  L  F  H  Ð  U
Y  I  A  T  W  H  S  W  M  E  K  Q  O  R
R  A  N  N  S  Ó  K  N  I  R  G  R  W  Ð
T  Ö  L  V  U  W  X  O  Z  Ð  A  U  R  J
V  S  T  A  F  R  Æ  N  H  L  C  Y  R  R
```

BLOGG
VAFRA
BÆTI
TÖLVU
BENDILL
GÖGN
STAFRÆN
SKRÁ
LETURGERÐ
NETIÐ

SKILABOÐ
RANNSÓKNIR
SKJÁR
ÖRYGGI
HUGBÚNAÐUR
TÖLFRÆÐI
MYNDAVÉL
RAUNVERULEGUR
VEIRA

90 - Arte

G S Ú R R E A L I S M I Þ D
E F N I O X S P U Z Á Z Þ J
T O Y W O R I G I N L E G T
H Ö G G M Y N D K F V J U Þ
S S I Q N D T W E L E M Ó V
K E A E O Q K S R Ó R Y S Ð
A H G M T S M Q A K K N J V
P G K Ð S C H T M I H D Ó L
M W B I Y E R V I Ð S B N W
C X K L S O T Á K N S F R B
E I N F A L T N S S G G Æ Þ
O Q G M S Ý X F I Þ Q N X
Z J A T X S K Z F N Ð U G B
S R E H Þ A D W I O G H V J

KERAMIK
FLÓKIÐ
SAMSETNING
MÁLVERK
SEGÐ
MYND
ORIGINLEGT
LJÓÐ

LÝSA
HÖGGMYND
EINFALT
TÁKN
EFNI
SÚRREALISMI
SKAP
SJÓNRÆN

91 - Meteo

```
H I M I N N S I Í E V K S M
Þ I Þ Þ U M U R S Y E D T O
U Ó T R O P I C A L Ð H J N
T A K A O S I N F Þ U H Ó S
O O E A S T O R M U R F R Ú
O V R P K T W O M R F E N N
U F Y N Ý J I Ð V R A L M V
I Q W H A S T G E K R L Á I
Þ U R R T D A E C A Z I L N
G O L A S P O L A R W B O D
V V J G S V M D S M V Y B U
S O P P Þ S V I J E M L Ð R
C G U F D I L N S O G U Þ K
O R E G N B O G I E M R K K
```

REGNBOGI
ÞURRT
STJÓRNMÁL
GOLA
HIMINN
VEÐURFAR
ELDING
ÍS
MONSÚN
ÞÓKA

SKÝ
POLAR
ÞURRKAR
HITASTIG
STORMUR
TORNADO
TROPICAL
ÞRUMUR
FELLIBYLUR
VINDUR

92 - Corpo Umano

```
H  Á  L  S  V  Q  J  A  X  Ð  I  G  B  E
Ö  Ö  X  L  P  P  D  W  W  Ð  N  Y  L  Y
K  K  N  U  E  G  Þ  M  E  U  X  A  Ó  R
U  K  H  D  O  L  N  B  O  G  A  U  Ð  A
N  L  Ú  I  M  Y  D  W  Z  O  M  G  O  A
E  A  Ð  Q  M  S  J  M  I  V  C  A  H  N
F  I  N  G  U  R  M  W  A  C  H  N  É  D
F  C  F  H  Ð  N  Þ  T  D  G  E  B  X  L
F  Ó  Ð  Ö  M  U  N  N  U  R  I  M  K  I
O  C  T  F  D  K  Þ  Þ  F  G  L  K  Q  T
Ð  T  N  U  R  L  P  L  W  Ð  I  C  Ð  N
P  E  A  Ð  R  J  B  E  U  Z  P  U  V  E
H  N  Y  Þ  F  U  A  E  B  B  Z  W  Y  K
W  N  E  F  H  J  A  R  T  A  I  E  Þ  V
```

MUNNUR	HÖND
ÖKKLA	HÖKU
HEILI	NEF
HÁLS	AUGA
HJARTA	EYRA
FINGUR	HÚÐ
ANDLIT	BLÓÐ
FÓTUR	ÖXL
HNÉ	MAGI
OLNBOGA	HÖFUÐ

93 - Mammiferi

```
V  L  H  F  R  Ð  O  K  H  E  S  T  U  R
B  X  Ö  S  Ú  E  M  I  A  R  E  F  U  R
Ð  M  F  Í  L  D  K  N  P  N  D  Þ  B  Y
Ð  U  R  H  F  É  M  D  I  N  Í  M  Y  O
T  K  U  U  U  D  T  W  R  L  Y  N  N  J
Z  V  N  K  R  Á  O  T  X  G  G  E  A  F
E  X  G  E  I  D  A  H  U  N  D  U  R  H
B  A  U  N  L  Ý  X  Þ  L  Ú  Q  Þ  I  V
R  J  R  G  Í  R  A  F  F  I  L  Þ  Ð  A
A  U  Ö  Ú  G  Ó  R  I  L  L  A  F  E  L
Ð  S  S  R  N  A  U  T  J  Y  F  J  U  U
M  A  Þ  A  N  O  A  Q  Ó  H  Q  Q  V  R
K  Ö  T  T  U  R  Þ  Ð  N  B  G  K  R  A
Ð  E  H  K  I  M  D  C  C  Y  P  G  M  R
```

HVALUR
HUNDUR
KENGÚRA
HESTUR
DÁDÝR
KANÍNA
SLÉTTUÚLFUR
HÖFRUNGUR
FÍL
KÖTTUR

GÍRAFFI
GÓRILLA
LJÓN
ÚLFUR
BJÖRN
KIND
API
NAUT
REFUR
ZEBRA

94 - Arrampicata

```
L H J Á L M U R Y H S Á G Þ
G Í Æ A Y E O V M Y É S S J
W E K Ð B I F S Ð Q R K T Á
D K Z A B Ð Y T F G F O Í L
Þ J O G M S J Ö O Ö R R G F
H E L L I L M Ð R N Æ A V U
K O R T L U E U V G Ð N É N
L R X I S M X G I U I I L G
B H Þ T T E L L T F N R W V
H J R P Y K Y E N E G I J M
Q U Ö Y R X G I I R U G C N
H A N S K A Þ K V Ð R R J Ð
L A G Þ U Q S I T I C X P K
U I T B R S T J Ó R N M Á L
```

HÆÐ   HELLI
STJÓRNMÁL   HANSKA
HJÁLMUR   MEIÐSLUM
FORVITNI   KORT
GÖNGUFERÐIR   ÁSKORANIR
SÉRFRÆÐINGUR   STÖÐUGLEIKI
LÍKAMLEGT   STÍGVÉL
ÞJÁLFUN   ÞRÖNGT
STYRKUR

95 - Animali Domestici

```
A P E N T W X B G A O I Y S
H A M S T U R W C W Z D F K
V H K R A G A V M H E Ý I J
A I V G E S H T A K X R S A
X C I O Ð A U Y T Ý L A K L
K E T T L I N G U R Q L U D
Ö K H C A P D Q R Z V Æ R B
T L A A A V U J L Z J K Y A
T Æ P N L M R R V A T N Y K
U R A W Í I G E I T G I R A
R P R A V N F B F Z R R Z C
S Z T L F T A U M U R R W Z
M Ú S P Á F A G A U K U R W
Þ Z N X E O W O X Ð L Q L J
```

VATN

KLÆR

HUNDUR

GEIT

MATUR

HALI

KRAGA

KANÍNA

HAMSTUR

HVOLPUR

KETTLINGUR

KÖTTUR

TAUMUR

EÐLA

KÝR

PÁFAGAUKUR

FISKUR

SKJALDBAKA

MÚS

DÝRALÆKNIR

96 - Cucina

```
P  V  W  G  G  R  B  X  W  Þ  P  Þ  F  B
F  Q  X  F  A  F  O  R  K  S  K  Á  L  Í
Y  R  Q  H  U  P  P  S  K  R  I  F  T  S
Þ  Z  Y  L  S  G  F  T  Ö  P  K  Q  K  S
Q  J  S  S  A  Þ  G  X  N  I  R  N  E  K
P  S  K  R  T  R  X  P  N  N  U  D  T  Á
G  V  E  E  R  I  N  A  U  N  K  S  I  P
R  U  I  R  K  R  Y  D  D  A  K  V  L  U
I  N  Ð  B  V  Q  F  G  U  R  U  A  L  R
L  T  A  Þ  O  Í  J  O  L  S  L  M  H  C
L  U  R  D  Þ  L  E  L  H  Q  M  P  N  T
X  U  J  O  F  N  L  T  N  X  Y  U  Í  W
P  O  V  W  K  G  M  A  T  U  R  R  F  A
Y  F  Y  Q  R  G  N  P  D  A  T  R  A  E
```

PINNAR	ÍSSKÁPUR
KETILL	SVUNTU
KÖNNU	GRILL
MATUR	AUSA
SKÁL	UPPSKRIFT
HNÍFA	KRYDD
FRYSTI	SVAMPUR
SKEIÐAR	BOLLA
FORKS	SERVÍETTA
OFN	KRUKKU

97 - Vacanze #2

```
I  O  Y  R  H  Q  N  E  Q  S  S  L  Ú  F
U  U  X  Y  V  A  H  A  Þ  Ó  J  E  T  L
L  E  Y  Z  Y  M  Ó  F  R  Í  Ó  S  L  U
F  Y  I  S  H  O  T  J  A  L  D  T  E  G
E  J  E  H  A  J  E  A  U  Þ  W  A  N  V
R  A  Ö  R  H  M  L  R  K  O  R  T  D  Ö
Ð  E  D  L  E  Y  G  A  E  L  X  K  I  L
F  X  O  V  L  N  O  Ö  Ú  C  C  A  N  L
Ð  H  P  A  R  D  T  T  N  T  I  Z  G  U
R  X  W  F  C  I  Q  F  L  G  J  S  U  R
Y  Z  C  H  D  R  V  B  C  W  U  Æ  R  G
T  A  X  I  T  Í  M  I  S  T  J  R  Ð  H
Á  F  A  N  G  A  S  T  A  Ð  U  R  Z  A
V  E  G  A  B  R  É  F  D  G  W  E  E  Ð
```

FLUGVÖLLUR
ÚTJÆÐA
ÁFANGASTAÐUR
MYNDIR
HÓTEL
EYJA
KORT
SJÓ
FJÖLL
VEGABRÉF

FJARA
ÚTLENDINGUR
TAXI
TÍMIST
TJALD
SAMGÖNGUR
LEST
FRÍ
FERÐ

98 - Attività

```
H  T  Í  M  I  S  T  T  T  R  B  H  Þ  C
Ú  N  H  Q  K  V  E  I  Ð  I  I  J  Q  S
Q  T  Y  B  L  E  S  T  U  R  G  J  G  L
K  V  J  X  Z  I  R  V  I  R  K  N  I  Ö
Ð  E  I  Æ  Y  Ð  H  A  N  D  V  E  R  K
M  P  U  S  Ð  A  H  Ð  M  S  N  Þ  Ð  U
O  I  A  G  S  A  U  M  A  I  U  Þ  L  N
L  J  Ó  S  M  Y  N  D  U  N  K  R  E  L
G  Ö  N  G  U  F  E  R  Ð  I  R  A  E  E
M  L  I  S  T  J  D  G  A  L  D  U  R  I
T  Z  G  A  R  Ð  Y  R  K  J  A  T  W  K
H  Æ  F  N  I  C  H  F  H  E  N  I  T  I
X  D  M  N  L  S  O  H  F  W  S  R  D  R
Á  N  Æ  G  J  A  B  C  L  Þ  A  T  J  G
```

HÆFNI	LJÓSMYNDUN
LIST	GARÐYRKJA
HANDVERK	LEIKIR
VIRKNI	LESTUR
VEIÐA	GALDUR
ÚTJÆÐA	VEIÐI
KERAMIK	ÁNÆGJA
SAUMA	ÞRAUTIR
DANSA	SLÖKUN
GÖNGUFERÐIR	TÍMIST

99 - Forniture Artistiche

```
X  B  E  S  P  V  L  Í  M  A  K  H  I  T
O  R  E  K  Y  A  V  P  K  X  F  U  M  J
S  F  X  Ö  M  T  P  B  L  E  K  G  Y  O
T  J  N  P  L  N  R  P  A  B  L  M  N  D
Ó  G  Z  U  Z  S  O  U  Í  U  E  Y  D  S
L  L  H  N  B  L  L  U  N  R  I  N  A  T
A  K  R  Ý  L  I  Í  S  S  S  R  D  V  R
V  X  Q  V  Ý  T  A  D  C  T  V  I  É  O
B  A  Ð  N  A  I  O  Y  W  A  W  R  L  K
L  K  T  U  N  R  V  Þ  E  R  U  U  O  L
I  T  O  N  T  U  U  X  R  P  I  K  U  E
T  R  Z  M  A  N  H  Þ  O  W  B  O  R  Ð
I  Q  J  M  R  Ð  Q  G  L  Æ  S  L  A  U
P  A  S  T  E  L  L  I  T  I  R  L  X  R
```

VATN
VATNSLITIR
AKRÝL
LEIR
KOL
PAPPÍR
GLÆSLA
LÍM
LITI
SKÖPUN

STROKLEÐUR
HUGMYNDIR
BLEK
BLÝANTAR
OLÍA
PASTELLITIR
STÓL
BURSTAR
BORÐ
MYNDAVÉL

100 - Misurazioni

```
Þ  S  L  Z  H  Á  L  F  P  O  T  T  U  R
P  Y  E  D  Y  G  W  Q  D  S  W  Ð  C  L
V  Z  N  N  K  Í  L  Ó  M  E  T  R  A  U
L  L  G  G  T  O  K  Í  L  Ó  X  U  W  E
U  Í  D  Z  D  I  M  Í  N  Ú  T  A  T  G
I  Q  T  G  J  Ð  M  Y  S  K  P  O  E  A
R  K  G  R  Á  Ð  A  E  N  R  U  H  B  C
C  G  T  A  I  Þ  A  G  T  B  Æ  T  I  X
D  J  P  M  T  O  N  N  H  R  U  R  N  D
H  Z  C  M  H  Z  J  J  M  E  O  B  D  O
T  F  A  M  Æ  L  I  R  Ú  I  H  P  I  P
G  A  W  Þ  Ð  R  U  M  N  D  Ý  P  T  E
U  T  O  M  M  U  F  H  S  D  N  J  H  A
N  J  X  P  N  A  U  K  A  S  T  A  F  Ð
```

HÆÐ	LENGD
BÆTI	MÆLIR
SENTIMETR	MÍNÚTA
KÍLÓ	ÚNSA
KÍLÓMETRA	ÞYNGD
AUKASTAF	HÁLFPOTTUR
GRÁÐA	TOMMU
GRAMM	DÝPT
BREIDD	TONN
LÍTRI	BINDI

1 - Scacchi

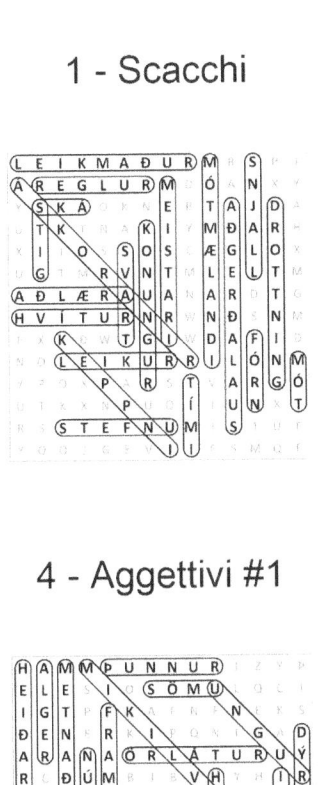

2 - Aggettivi #2

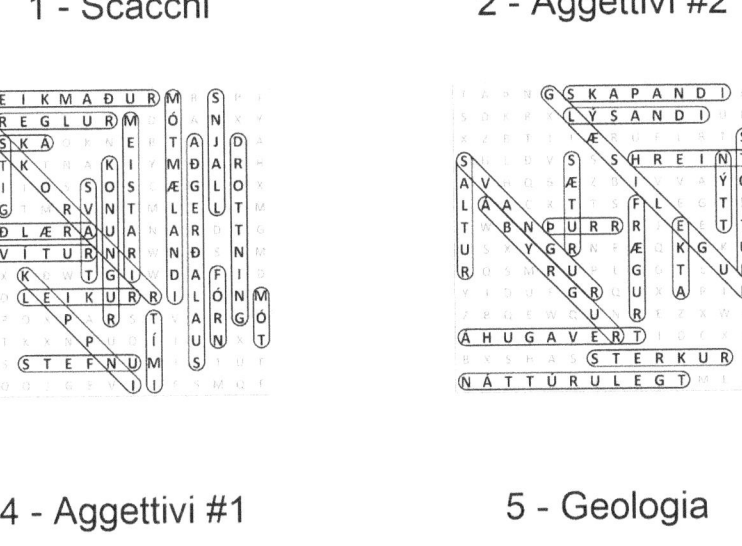

3 - Pesca

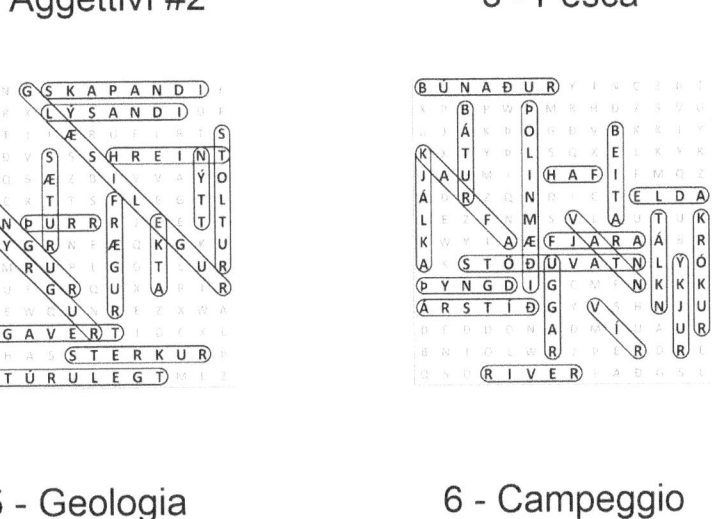

4 - Aggettivi #1

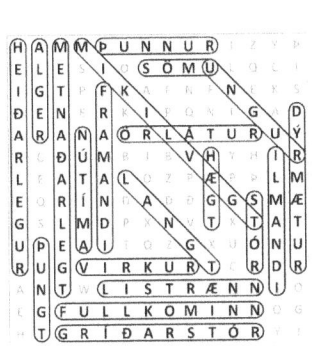

5 - Geologia

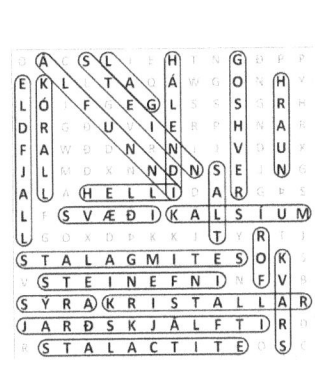

6 - Campeggio

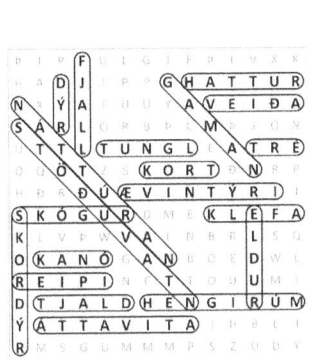

7 - Arti Visive

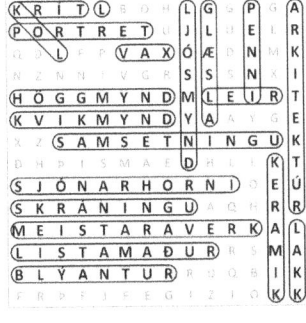

8 - Esplorazione

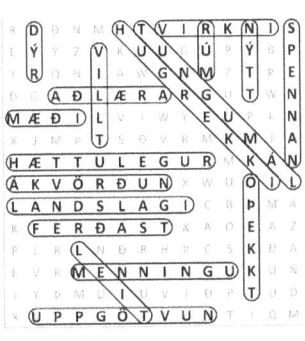

9 - Tempo

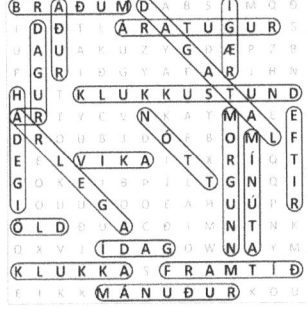

10 - Astronomia

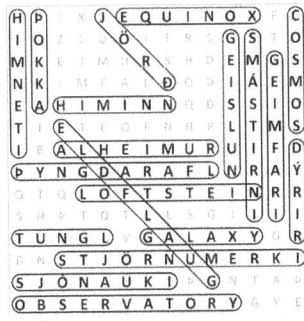

11 - Circo

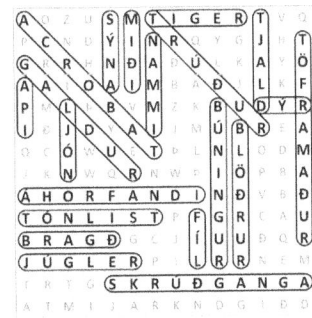

12 - Mitologia

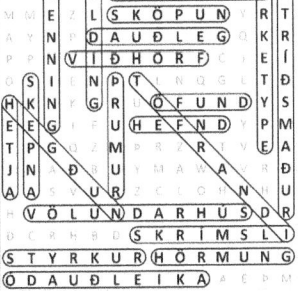

13 - Piante

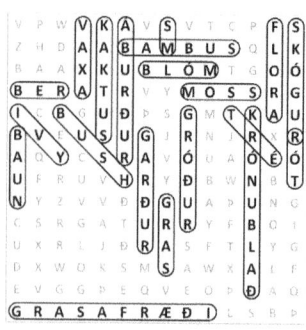

14 - Spezie

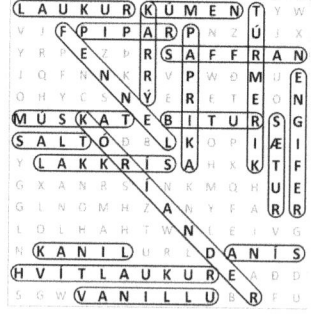

15 - Numeri

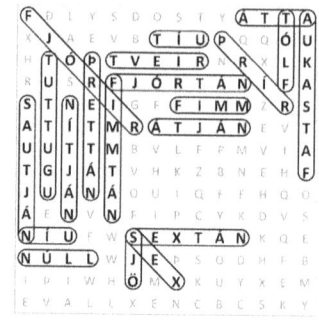

16 - Cioccolato

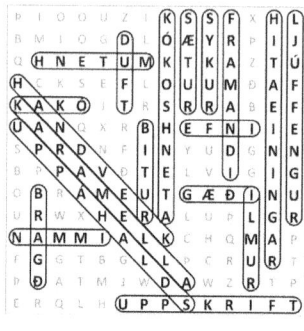

17 - Guida

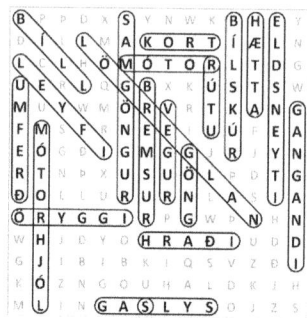

18 - Sport

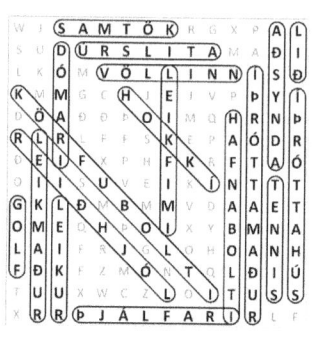

19 - Giocattoli

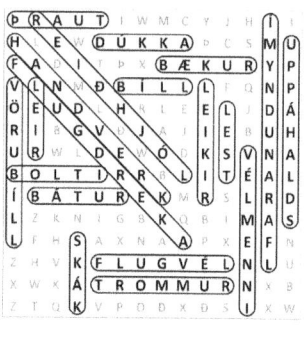

20 - Uccelli

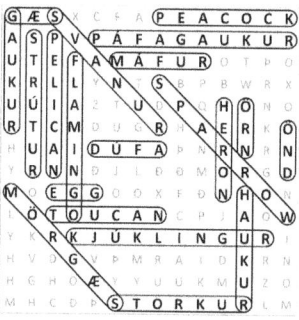

21 - Giorni e Mesi

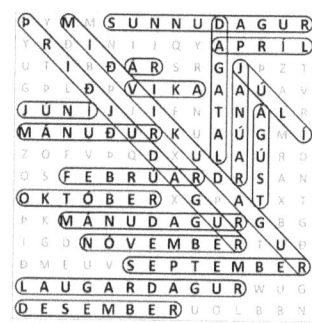

22 - Casa

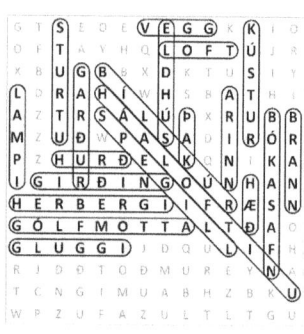

23 - Ristorante #1

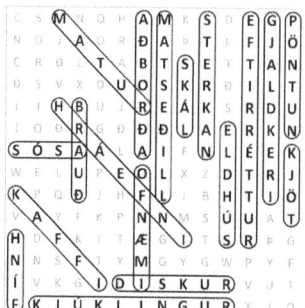

24 - Fantascienza

25 - Città

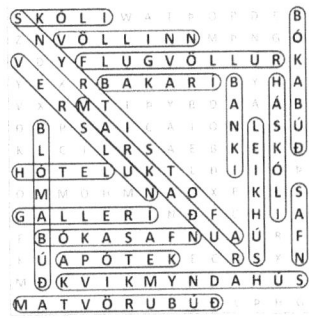

26 - Virtù #1

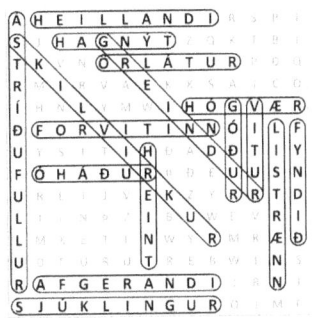

27 - Compleanno

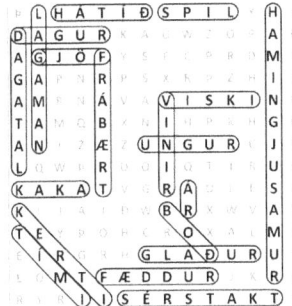

28 - Fattoria #1

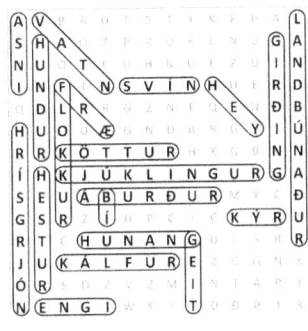

29 - Paesaggi

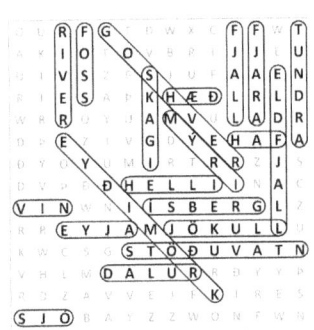

30 - Ristorante #2

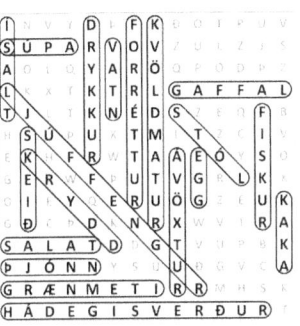

31 - Giardino

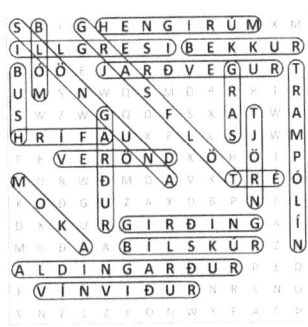

32 - Frutta

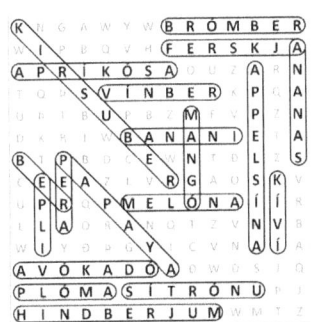

33 - Fattoria #2

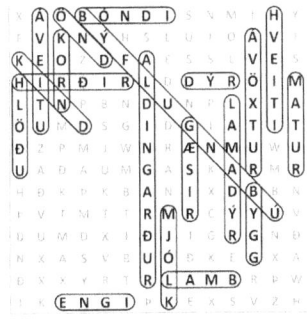

34 - Dinosauri

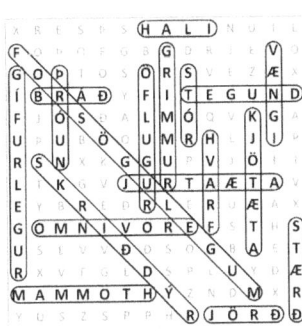

35 - Verdure

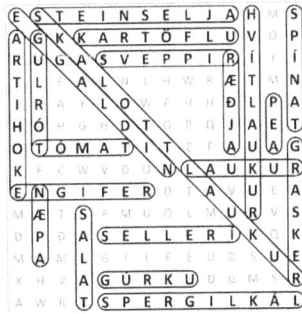

36 - Scuola #2

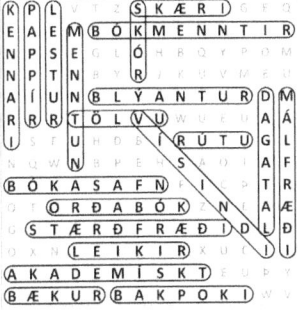

37 - Gentilezza

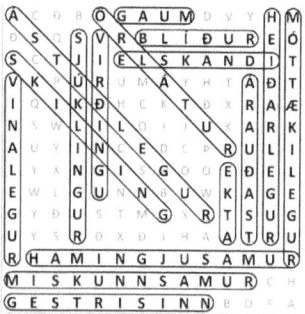

38 - Barbecue

39 - Riempire

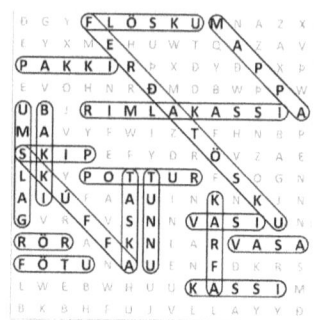

40 - Insetti

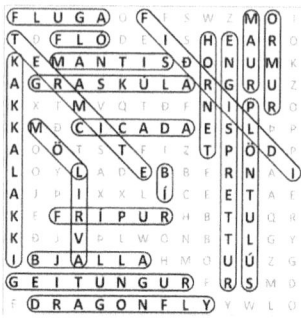

41 - Erboristeria

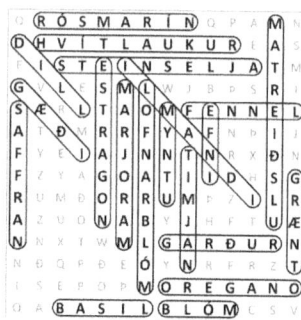

42 - Danza

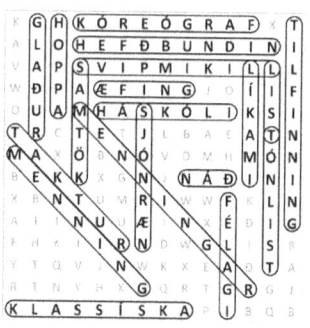

43 - Commedia

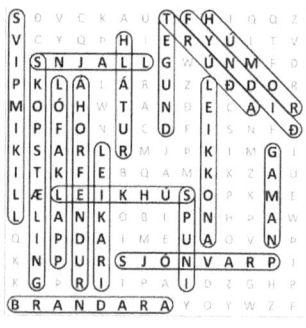

44 - Scuola #1

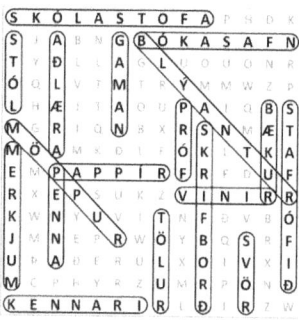

45 - Fiori

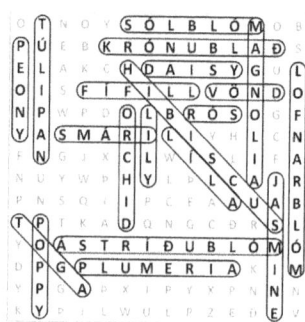

46 - Ecologia

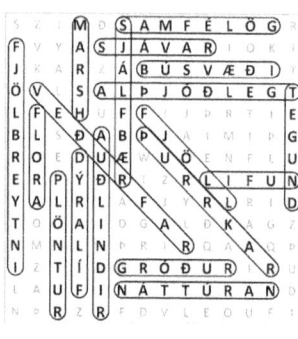

47 - Discipline Scientifiche

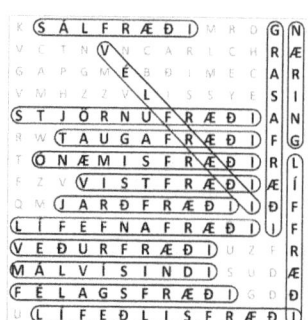

48 - Scienza

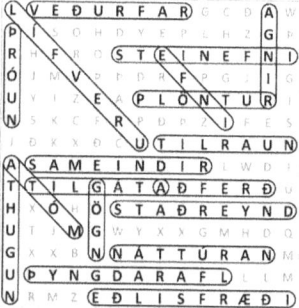

49 - Acqua

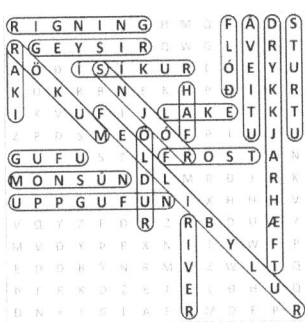

50 - Gatti

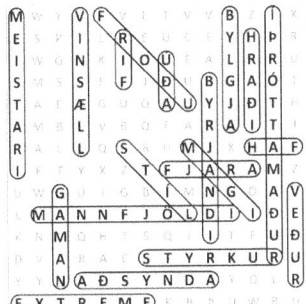

51 - Surf

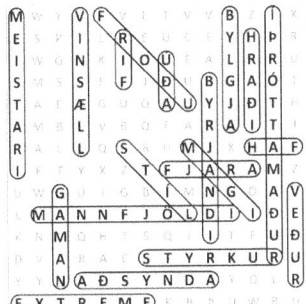

52 - Imbarcazioni

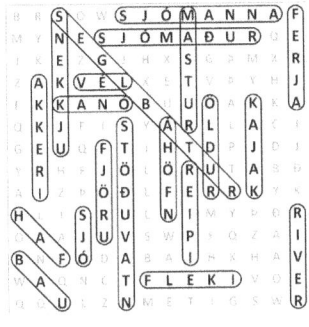

53 - Api

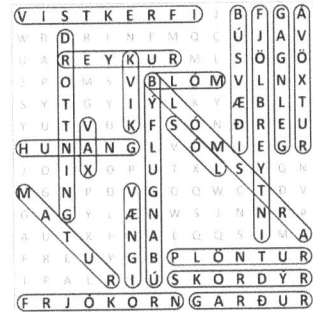

54 - Conservazione

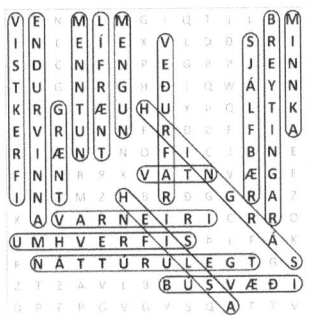

55 - Strumenti Musicali

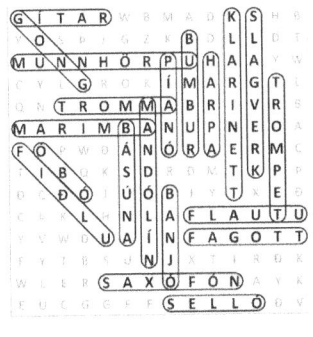

56 - Professioni #2

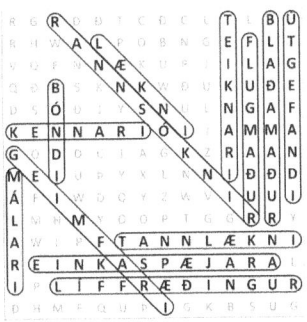

57 - Letteratura

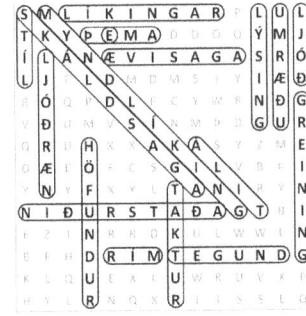

58 - Cibo #2

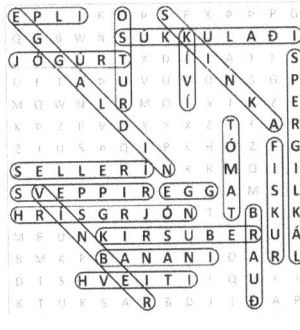

59 - Nutrizione

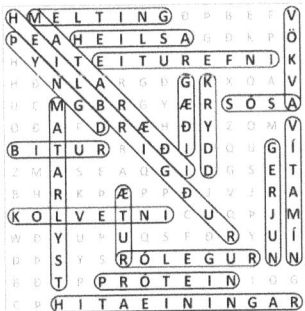

60 - Matematica

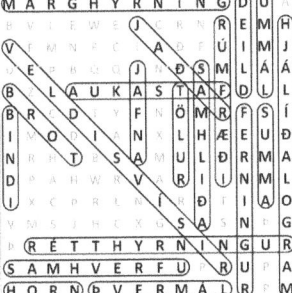

61 - Meditazione

62 - Estate

63 - Escursionismo

64 - Professioni #1

65 - Antartide

66 - Libri

67 - Geografia

68 - Cibo #1

69 - Aeroplani

70 - Pirati

71 - Colori

72 - Spiaggia

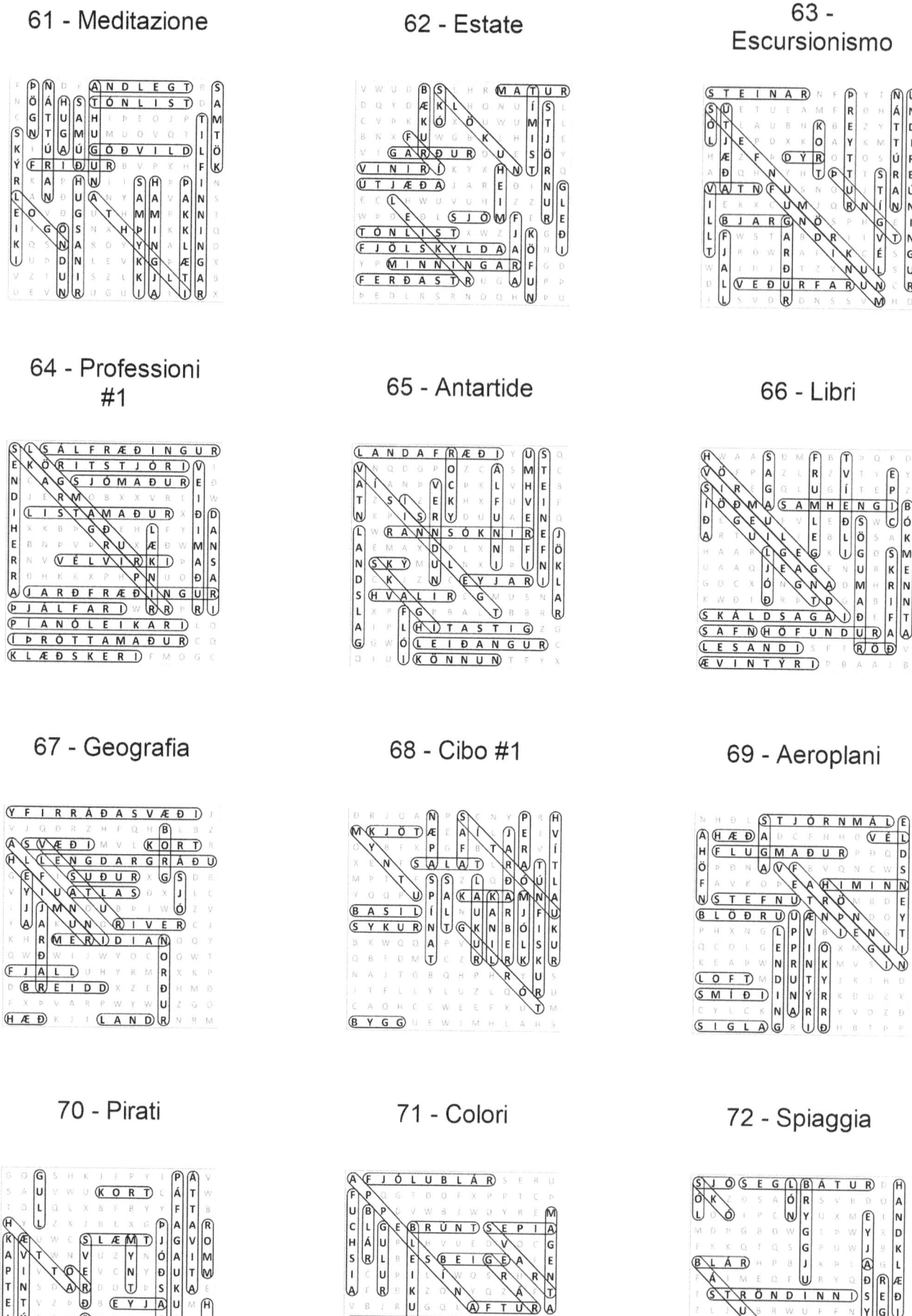

73 - Avventura

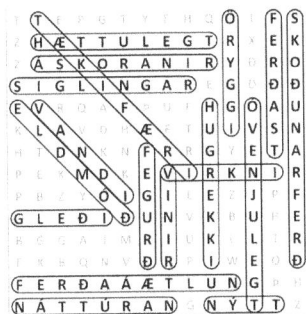

74 - Forme

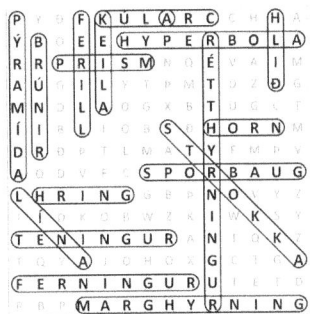

75 - Oceano

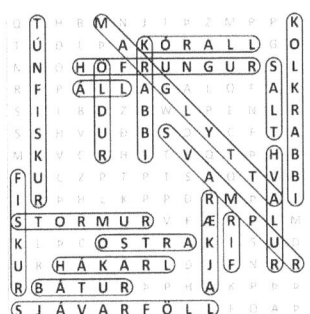

76 - Famiglia

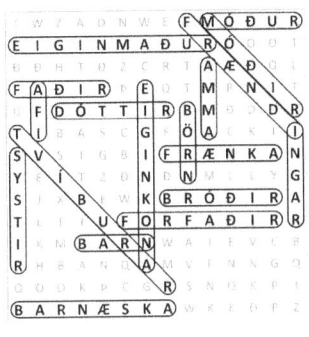

77 - Veicoli

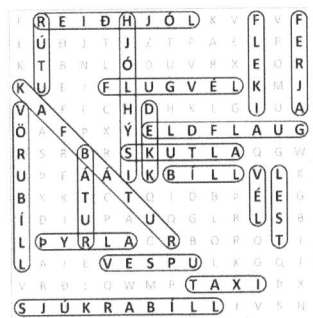

78 - Emozioni

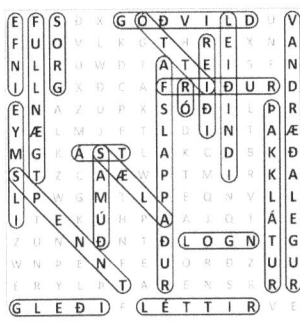

79 - Natura

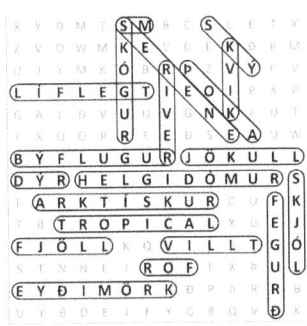

80 - Balletto

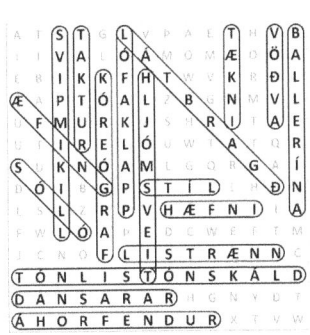

81 - Castelli

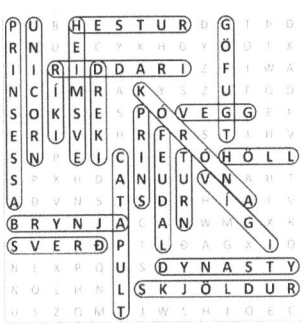

82 - Campionato

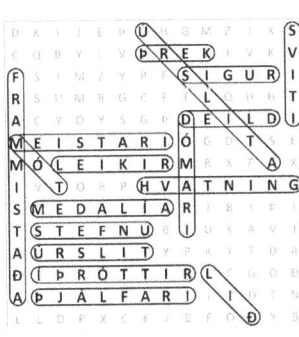

83 - Foresta Pluviale

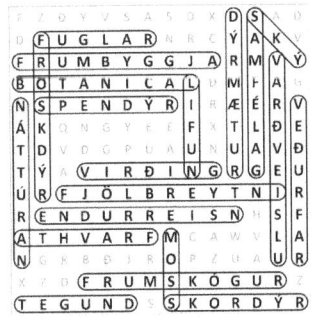

84 - Edifici

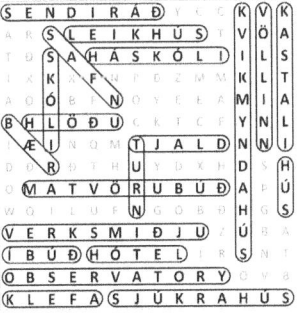

85 - Paesi #2

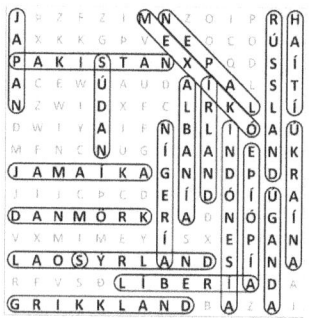

86 - Tipi di Capelli

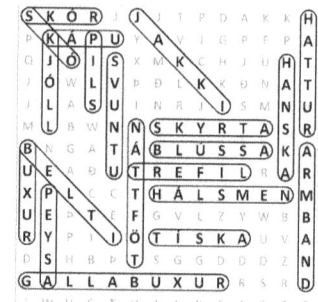

87 - Vestiti

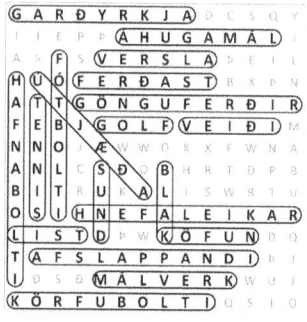

88 - Attività e Tempo Libero

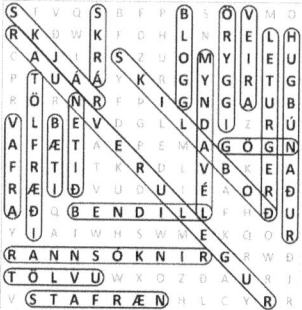

89 - Tecnologia

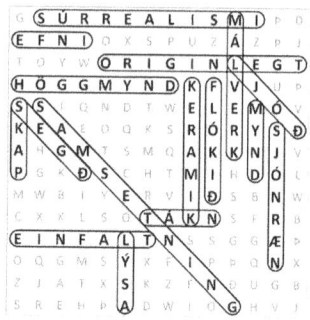

90 - Arte

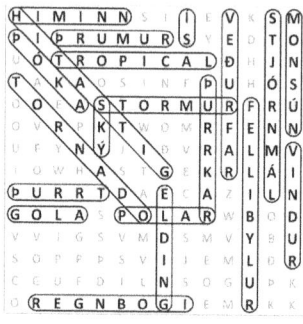

91 - Meteo

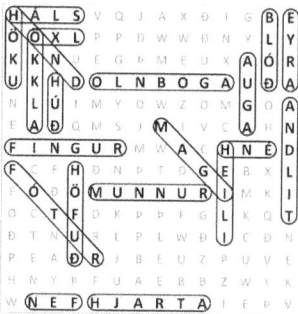

92 - Corpo Umano

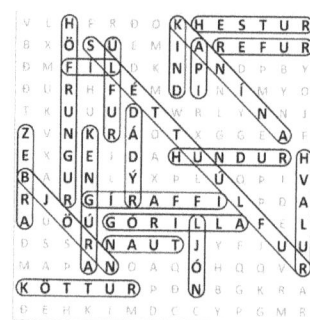

93 - Mammiferi

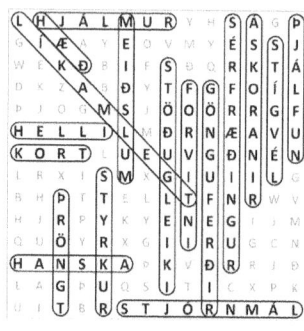

94 - Arrampicata

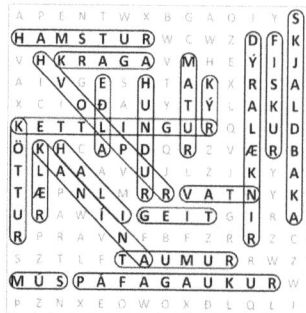

95 - Animali Domestici

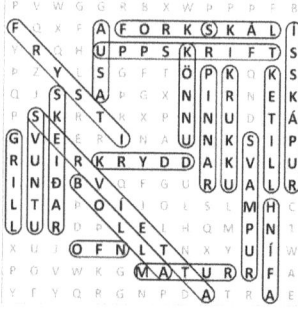

96 - Cucina

97 - Vacanze #2

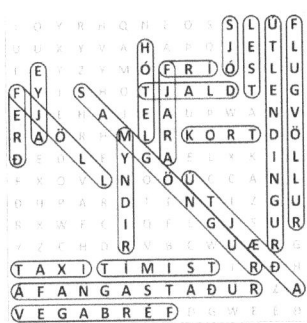

98 - Attività

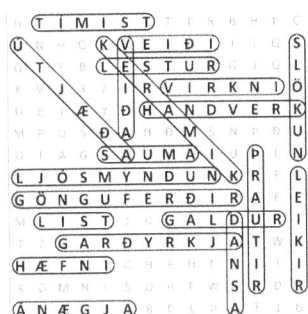

99 - Forniture Artistiche

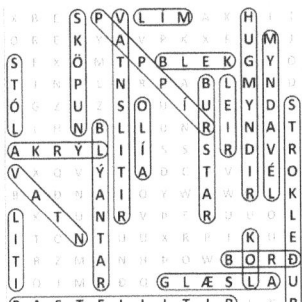

100 - Misurazioni

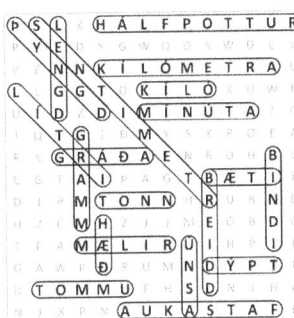

Dizionario

Acqua
Vatni

Alluvione	Flóð
Canale	Síkur
Doccia	Sturtu
Evaporazione	Uppgufun
Fiume	River
Gelo	Frost
Geyser	Geysir
Ghiaccio	Ís
Irrigazione	Áveitu
Lago	Lake
Monsone	Monsún
Neve	Snjór
Oceano	Haf
Onde	Öldur
Pioggia	Rigning
Potabile	Drykkjarhæft
Umidità	Raki
Umido	Rökum
Uragano	Fellibylur
Vapore	Gufu

Aeroplani
Flugvélar

Altezza	Hæð
Aria	Loft
Atmosfera	Stjórnmál
Atterraggio	Lending
Avventura	Ævintýri
Carburante	Eldsneyti
Cielo	Himinn
Costruzione	Smíði
Design	Hönnun
Direzione	Stefnu
Discesa	Uppruna
Equipaggio	Áhöfn
Idrogeno	Vetni
Motore	Vél
Navigare	Sigla
Palloncino	Blöðru
Passeggero	Farþegi
Pilota	Flugmaður
Storia	Saga
Turbolenza	Ókyrrð

Aggettivi #1
Lýsingarorð #1

Ambizioso	Metnaðarlegt
Aromatico	Ilmandi
Artistico	Listrænn
Assoluto	Alger
Attivo	Virkur
Enorme	Gríðarstór
Esotico	Framandi
Generoso	Örlátur
Giovane	Ungur
Grande	Stór
Identico	Sömu
Importante	Mikilvægt
Lento	Hægt
Lungo	Langt
Moderno	Nútíma
Onesto	Heiðarlegur
Perfetto	Fullkominn
Pesante	Þungt
Prezioso	Dýrmætur
Sottile	Þunnur

Aggettivi #2
Lýsingarorð #2

Affamato	Svangur
Asciutto	Þurr
Autentico	Ekta
Creativo	Skapandi
Descrittivo	Lýsandi
Dolce	Sætur
Drammatico	Dramatísk
Elegante	Glæsilegur
Famoso	Frægur
Forte	Sterkur
Interessante	Áhugavert
Naturale	Náttúrulegt
Normale	Eðlilegt
Nuovo	Nýtt
Orgoglioso	Stoltur
Produttivo	Afkastamikill
Puro	Hreint
Responsabile	Ábyrgur
Salato	Saltur
Sano	Heilbrigður

Animali Domestici
Gæludýr

Acqua	Vatn
Artigli	Klær
Cane	Hundur
Capra	Geit
Cibo	Matur
Coda	Hali
Collare	Kraga
Coniglio	Kanína
Criceto	Hamstur
Cucciolo	Hvolpur
Gattino	Kettlingur
Gatto	Köttur
Guinzaglio	Taumur
Lucertola	Eðla
Mucca	Kýr
Pappagallo	Páfagaukur
Pesce	Fiskur
Tartaruga	Skjaldbaka
Topo	Mús
Veterinario	Dýralæknir

Antartide
Suðurskautslandið

Acqua	Vatn
Ambiente	Umhverfi
Baia	Flói
Balene	Hvalir
Conservazione	Verndun
Continente	Álfunni
Esplorazione	Könnun
Geografia	Landafræði
Ghiacciai	Jöklar
Ghiaccio	Ís
Isole	Eyjar
Minerali	Steinefni
Nuvole	Ský
Penisola	Skagi
Ricercatore	Rannsóknir
Roccioso	Rocky
Scientifico	Vísindlegt
Spedizione	Leiðangur
Temperatura	Hitastig
Topografia	Landslag

Api
Býflugur

Ali	Vængi
Alveare	Býflugnabú
Benefico	Gagnleg
Cera	Vax
Cibo	Matur
Diversità	Fjölbreytni
Ecosistema	Vistkerfi
Fiori	Blóm
Fiorire	Blómstra
Frutta	Ávöxtur
Fumo	Reykur
Giardino	Garður
Habitat	Búsvæði
Insetto	Skordýr
Miele	Hunang
Piante	Plöntur
Polline	Frjókorn
Regina	Drottning
Sciame	Kvik
Sole	Sól

Arrampicata
Klifur

Altitudine	Hæð
Atmosfera	Stjörnmál
Casco	Hjálmur
Curiosità	Forvitni
Escursioni	Gönguferðir
Esperto	Sérfræðingur
Fisico	Líkamlegt
Formazione	Þjálfun
Forza	Styrkur
Grotta	Helli
Guanti	Hanska
Guide	Leiðsögumenn
Lesione	Meiðslum
Mappa	Kort
Sfide	Áskoranir
Stabilità	Stöðugleiki
Stivali	Stígvél
Stretto	Þröngt
Terreno	Landslagi

Arte
List

Ceramica	Keramik
Complesso	Flókið
Composizione	Samsetning
Dipinti	Málverk
Espressione	Segð
Figura	Mynd
Ispirato	Innblástur
Onesto	Heiðarlegur
Originale	Originlegt
Personale	Persónulegt
Poesia	Ljóð
Ritrarre	Lýsa
Scultura	Höggmynd
Semplice	Einfalt
Simbolo	Tákn
Soggetto	Efni
Surrealismo	Súrrealismi
Umore	Skap
Visivo	Sjónræn

Arti Visive
Myndlist

Architettura	Arkitektúr
Argilla	Leir
Artista	Listamaður
Capolavoro	Meistaraverk
Carbone	Kol
Cavalletto	Glæsla
Cera	Vax
Ceramica	Keramik
Composizione	Samsetningu
Creatività	Skráningu
Film	Kvikmynd
Fotografia	Ljósmynd
Gesso	Krít
Matita	Blýantur
Penna	Penni
Prospettiva	Sjónarhorni
Ritratto	Portret
Scultura	Höggmynd
Stampino	L
Vernice	Lakk

Astronomia
Stjörnufræði

Asteroide	Smástirni
Astronauta	Geimfari
Celeste	Himneti
Cielo	Himinn
Cosmo	Cosmos
Costellazione	Stjörnumerki
Equinozio	Equinox
Galassia	Galaxy
Gravità	Þyngdarafl
Luna	Tungl
Meteora	Loftstein
Nebulosa	Þokka
Osservatorio	Observatory
Pianeta	Reikistjarna
Radiazione	Geislun
Razzo	Eldflaug
Telescopio	Sjónauki
Terra	Jörð
Universo	Alheimur
Zodiaco	Dýrir

Attività
Starfsemi

Abilità	Hæfni
Arte	List
Artigianato	Handverk
Attività	Virkni
Caccia	Veiða
Campeggio	Útjæða
Ceramica	Keramik
Cucire	Sauma
Danza	Dansa
Escursioni	Gönguferðir
Fotografia	Ljósmyndun
Giardinaggio	Garðyrkja
Giochi	Leikir
Lettura	Lestur
Magia	Galdur
Pesca	Veiði
Piacere	Ánægja
Puzzle	Þrautir
Rilassamento	Slökun
Tempo Libero	Tímist

Attività e Tempo Libero
Starfsemi og Tómstundir

Italiano	Íslenska
Arte	List
Baseball	Hafnabolti
Basket	Körfubolti
Boxe	Hnefaleikar
Calcio	Fótbolti
Campeggio	Útjæða
Escursioni	Gönguferðir
Giardinaggio	Garðyrkja
Golf	Golf
Hobby	Áhugamál
Immersione	Köfun
Nuoto	Sund
Pallavolo	Blak
Pesca	Veiði
Pittura	Málverk
Rilassante	Afslappandi
Shopping	Versla
Tennis	Tennis
Viaggio	Ferðast

Avventura
Ævintýri

Italiano	Íslenska
Amici	Vinir
Attività	Virkni
Bellezza	Fegurð
Coraggio	Hugrekki
Destinazione	Áfangastaður
Difficoltà	Vandi
Entusiasmo	Eldmóð
Escursione	Skoðunarferð
Gioia	Gleði
Insolito	Óvenjulegt
Itinerario	Ferðaáætlun
Natura	Náttúran
Navigazione	Siglingar
Nuovo	Nýtt
Opportunità	Tækifæri
Pericoloso	Hættulegt
Preparazione	Undirbúningur
Sfide	Áskoranir
Sicurezza	Öryggi
Viaggi	Ferðast

Balletto
Ballett

Italiano	Íslenska
Abilità	Hæfni
Applauso	Lófaklapp
Artistico	Listrænn
Assolo	Sóló
Ballerina	Ballerína
Ballerini	Dansarar
Compositore	Tónskáld
Coreografia	Kóreógraf
Espressivo	Svipmikill
Gesto	Látbragð
Grazioso	Tignarlegt
Intensità	Styrkleiki
Muscoli	Vöðva
Musica	Tónlist
Orchestra	Hljómsveit
Prova	Æfing
Pubblico	Áhorfendur
Ritmo	Taktur
Stile	Stíl
Tecnica	Tækni

Barbecue
Grillveislur

Italiano	Íslenska
Caldo	Heitt
Cena	Kvöldmatur
Cibo	Matur
Cipolle	Lauk
Coltelli	Hnífa
Estate	Sumar
Fame	Hungur
Famiglia	Fjölskylda
Frutta	Ávöxtur
Giochi	Leikir
Griglia	Grill
Insalate	Salöt
Invito	Boð
Musica	Tónlist
Pepe	Pipar
Pollo	Kjúklingur
Pomodori	Tómatar
Pranzo	Hádegisverður
Sale	Salt
Salsa	Sósa

Campeggio
Tjaldstæði

Italiano	Íslenska
Alberi	Tré
Amaca	Hengirúm
Animali	Dýr
Avventura	Ævintýri
Bussola	Áttavita
Cabina	Klefa
Caccia	Veiða
Canoa	Kanó
Cappello	Hattur
Corda	Reipi
Divertimento	Gaman
Foresta	Skógur
Fuoco	Eldur
Insetto	Skordýr
Lago	Stöðuvatn
Luna	Tungl
Mappa	Kort
Montagna	Fjall
Natura	Náttúran
Tenda	Tjald

Campionato
Meistaramót

Italiano	Íslenska
Allenatore	Þjálfari
Campionato	Úrslita
Campione	Meistari
Finalista	Úrslit
Giochi	Leikir
Giudice	Dómari
Lega	Deild
Medaglia	Medalía
Motivazione	Hvatning
Prestazione	Frammistaða
Resistenza	Þrek
Sportivo	Íþróttir
Squadra	Lið
Strategia	Stefnu
Sudore	Sviti
Torneo	Mót
Vittoria	Sigur

Casa
Húsið

Attico	Háaloftinu
Biblioteca	Bókasafn
Camera	Herbergi
Camino	Arinn
Cucina	Eldhús
Doccia	Sturtu
Finestra	Gluggi
Garage	Bílskúr
Giardino	Garður
Lampada	Lampi
Parete	Vegg
Pavimento	Hæð
Porta	Hurð
Recinto	Girðing
Rubinetto	Brann
Scopa	Kústur
Soffitto	Loft
Specchio	Spegill
Tappeto	Gólfmotta
Tetto	Þak

Castelli
Kastalar

Armatura	Brynja
Catapulta	Catapult
Cavaliere	Riddari
Cavallo	Hestur
Corona	Kóróna
Dinastia	Dynasty
Drago	Dreki
Feudale	Feudal
Fortezza	Vígi
Impero	Heimsve
Nobile	Göfugt
Palazzo	Höll
Parete	Vegg
Principe	Prins
Principessa	Prinsessa
Regno	Ríki
Scudo	Skjöldur
Spada	Sverð
Torre	Turn
Unicorno	Unicorn

Cibo #1
Matur #1

Aglio	Hvítlaukur
Basilico	Basil
Cannella	Kanil
Carne	Kjöt
Carota	Gulrót
Cipolla	Laukur
Fragola	Jarðarber
Insalata	Salat
Latte	Mjólk
Limone	Sítrónu
Menta	Myntu
Orzo	Bygg
Pera	Pera
Rapa	Næpa
Sale	Salt
Spinaci	Spínat
Succo	Safa
Tonno	Túnfiskur
Torta	Kaka
Zucchero	Sykur

Cibo #2
Matur #2

Banana	Banani
Broccolo	Spergilkál
Ciliegia	Kirsuber
Cioccolato	Súkkulaði
Formaggio	Ostur
Fungo	Sveppir
Grano	Hveiti
Kiwi	Kíví
Mela	Epli
Melanzana	Eggaldin
Pane	Brauð
Pesce	Fiskur
Pollo	Kjúklingur
Pomodoro	Tómat
Prosciutto	Skinka
Riso	Hrísgrjón
Sedano	Sellerí
Uovo	Egg
Uva	Vínber
Yogurt	Jógúrt

Cioccolato
Súkkulaði

Amaro	Bitur
Antiossidante	Andoxunarefni
Arachidi	Hnetum
Aroma	Ilmur
Artigianale	Handverk
Cacao	Kakó
Calorie	Hitaeiningar
Caramella	Nammi
Caramello	Karamella
Delizioso	Ljúffengur
Dolce	Sætur
Esotico	Framandi
Gusto	Bragð
Ingrediente	Efni
Noce di Cocco	Kókoshneta
Polvere	Duft
Preferito	Uppáhalds
Qualità	Gæði
Ricetta	Uppskrift
Zucchero	Sykur

Circo
Sirkus

Acrobata	Acrobat
Animali	Dýr
Biglietto	Miði
Caramella	Nammi
Clown	Trúður
Costume	Búningur
Elefante	Fíl
Giocoliere	Júgler
Leone	Ljón
Magia	Galdur
Mago	Töframaður
Mostrare	Sýna
Musica	Tónlist
Palloncini	Blöðrur
Parata	Skrúðganga
Scimmia	Api
Spettatore	Áhorfandi
Tenda	Tjald
Tigre	Tiger
Trucco	Bragð

Città
Bærinn

Aeroporto	Flugvöllur
Banca	Banki
Biblioteca	Bókasafn
Cinema	Kvikmyndahús
Farmacia	Apótek
Fiorista	Blómabúð
Galleria	Gallerí
Hotel	Hótel
Libreria	Bókabúð
Mercato	Markaður
Museo	Safn
Negozio	Verslun
Panetteria	Bakarí
Salone	Snyrtistofa
Scuola	Skóli
Stadio	Völlinn
Supermercato	Matvörubúð
Teatro	Leikhús
Università	Háskóli
Zoo	Dýragarður

Colori
Litir

Arancia	Appelsína
Azzurro	Aftur
Beige	Beige
Bianco	Hvítur
Blu	Blár
Ciano	Blágrænn
Fucsia	Fuchsia
Giallo	Gulur
Grigio	Grár
Indaco	Indigo
Magenta	Magenta
Marrone	Brúnt
Nero	Svart
Rosa	Bleikur
Rosso	Rauður
Seppia	Sepia
Verde	Grænt
Viola	Fjólublár

Commedia
Gamanleikur

Applauso	Lófaklapp
Attore	Leikari
Attrice	Leikkona
Clown	Trúða
Divertente	Fyndið
Divertimento	Gaman
Espressivo	Svipmikill
Genere	Tegund
Improvvisazione	Spuni
Intelligente	Snjall
Parodia	Skopstæling
Pubblico	Áhorfendur
Risata	Hlátur
Scherzi	Brandara
Teatro	Leikhús
Televisione	Sjónvarp
Umorismo	Húmor

Compleanno
Afmælisdagur

Amici	Vinir
Anno	Ár
Calendario	Dagatal
Candele	Kerti
Canzone	Lag
Carte	Spil
Celebrazione	Hátíð
Divertimento	Gaman
Felice	Hamingjusamur
Gioioso	Glaður
Giorno	Dagur
Giovane	Ungur
Grande	Frábært
Inviti	Boð
Nato	Fæddur
Regalo	Gjöf
Saggezza	Viski
Speciale	Sérstakt
Tempo	Tími
Torta	Kaka

Conservazione
Náttúruvernd

Acqua	Vatn
Ambientale	Umhverfis
Cambiamenti	Breytingar
Ciclo	Hringrás
Clima	Veðurfar
Ecosistema	Vistkerfi
Educazione	Menntun
Habitat	Búsvæði
Inquinamento	Mengun
Naturale	Náttúrulegt
Organico	Lífrænt
Pesticida	Varneiri
Riciclare	Endurvinna
Ridurre	Minnka
Salute	Heilsa
Sostenibile	Sjálfbær
Verde	Grænt
Volontario	Sjálfboðaliði

Corpo Umano
Mannslíkaminn

Bocca	Munnur
Caviglia	Ökkla
Cervello	Heili
Collo	Háls
Cuore	Hjarta
Dito	Fingur
Faccia	Andlit
Gamba	Fótur
Ginocchio	Hné
Gomito	Olnboga
Mano	Hönd
Mento	Höku
Naso	Nef
Occhio	Auga
Orecchio	Eyra
Pelle	Húð
Sangue	Blóð
Spalla	Öxl
Stomaco	Magi
Testa	Höfuð

Cucina
Eldhús

Bacchette	Pinnar
Bollitore	Ketill
Brocca	Könnu
Cibo	Matur
Ciotola	Skál
Coltelli	Hnífa
Congelatore	Frysti
Cucchiai	Skeiðar
Forchette	Forks
Forno	Ofn
Frigorifero	Ísskápur
Grembiule	Svuntu
Griglia	Grill
Mestolo	Ausa
Ricetta	Uppskrift
Spezie	Krydd
Spugna	Svampur
Tazze	Bolla
Tovagliolo	Servíetta
Vaso	Krukku

Danza
Dansa

Accademia	Háskóli
Arte	List
Classico	Klassíska
Compagno	Félagi
Coreografia	Kóreógraf
Corpo	Líkami
Cultura	Menning
Culturale	Menningar
Emozione	Tilfinning
Espressivo	Svipmikill
Gioioso	Glaður
Grazia	Náð
Movimento	Samtök
Musica	Tónlist
Prova	Æfing
Ritmo	Taktur
Salto	Hoppa
Tradizionale	Hefðbundin
Visivo	Sjónræn

Dinosauri
Risaeðlur

Ali	Vængi
Carnivoro	Kjötæta
Coda	Hali
Enorme	Gífurlegur
Erbivoro	Jurtaæta
Evoluzione	Þróun
Grande	Stór
Mammut	Mammoth
Onnivoro	Omnivore
Potente	Öflugur
Preda	Bráð
Preistorico	Forsögulegum
Rettile	Skriðdýr
Scomparsa	Hvarf
Specie	Tegund
Taglia	Stærð
Terra	Jörð
Vizioso	Grimmur

Discipline Scientifiche
Vísindalegum Greinum

Anatomia	Líffærafræði
Astronomia	Stjörnufræði
Biochimica	Lífefnafræði
Biologia	Líffræði
Botanica	Grasafræði
Chimica	Efnafræði
Ecologia	Vistfræði
Fisiologia	Lífeðlisfræði
Geologia	Jarðfræði
Immunologia	Ónæmisfræði
Linguistica	Málvísindi
Meccanica	Vélfræði
Meteorologia	Veðurfræði
Mineralogia	Steindafræði
Neurologia	Taugafræði
Nutrizione	Næring
Psicologia	Sálfræði
Sociologia	Félagsfræði
Termodinamica	Varmafræði
Zoologia	Dýrafræði

Ecologia
Vistfræði

Clima	Veðurfar
Comunità	Samfélög
Diversità	Fjölbreytni
Fauna	Dýralíf
Flora	Flora
Globale	Alþjóðlegt
Habitat	Búsvæði
Marino	Sjávar
Montagne	Fjöll
Natura	Náttúran
Naturale	Náttúrulegt
Palude	Marsh
Piante	Plöntur
Risorse	Auðlindir
Siccità	Þurrkar
Sopravvivenza	Lifun
Sostenibile	Sjálfbær
Specie	Tegund
Vegetazione	Gróður

Edifici
Byggingar

Ambasciata	Sendiráð
Appartamento	Íbúð
Cabina	Klefa
Casa	Hús
Castello	Kastali
Cinema	Kvikmyndahús
Fabbrica	Verksmiðju
Fattoria	Bær
Fienile	Hlöðu
Hotel	Hótel
Museo	Safn
Ospedale	Sjúkrahús
Osservatorio	Observatory
Scuola	Skóli
Stadio	Völlinn
Supermercato	Matvörubúð
Teatro	Leikhús
Tenda	Tjald
Torre	Turn
Università	Háskóli

Emozioni
Tilfinningar

Amore	Ást
Beatitudine	Sæla
Calma	Logn
Contenuto	Efni
Eccitato	Spennt
Gentilezza	Góðvild
Gioia	Gleði
Grato	Þakklátur
Imbarazzato	Vandræðalegur
Noia	Leiðindi
Pace	Friður
Paura	Ótti
Rabbia	Reiði
Rilassato	Afslappaður
Rilievo	Léttir
Simpatia	Samúð
Soddisfatto	Fullnægt
Tenerezza	Eymsli
Tranquillità	Ró
Tristezza	Sorg

Erboristeria
Grasalækningar

Aglio	Hvítlaukur
Aneto	Dill
Aromatico	Ilmandi
Basilico	Basil
Culinario	Matreiðslu
Dragoncello	Estragon
Finocchio	Fennel
Fiore	Blóm
Giardino	Garður
Ingrediente	Efni
Lavanda	Lofnarblóm
Maggiorana	Marjoram
Menta	Myntu
Origano	Oregano
Prezzemolo	Steinselja
Qualità	Gæði
Rosmarino	Rósmarín
Timo	Timjan
Verde	Grænt
Zafferano	Saffran

Escursionismo
Gönguferðir

Acqua	Vatn
Animali	Dýr
Campeggio	Útjæða
Clima	Veðurfar
Guide	Leiðsögumenn
Mappa	Kort
Montagna	Fjall
Natura	Náttúran
Orientamento	Stefnumörkun
Parchi	Garður
Pesante	Þungt
Pietre	Steinar
Preparazione	Undirbúningur
Scogliera	Bjarg
Selvaggio	Villt
Sole	Sól
Stanco	Þreyttur
Stivali	Stígvél
Vertice	Fundinum
Zanzare	Moskítóflugur

Esplorazione
Könnun

Animali	Dýr
Attività	Virkni
Coraggio	Hugrekki
Culture	Menningu
Determinazione	Ákvörðun
Eccitazione	Spennan
Esaurimento	Mæði
Lingua	Tungumál
Nuovo	Nýtt
Per Imparare	Að Læra
Pericoloso	Hættulegur
Ricerca	Leit
Sconosciuto	Óþekkt
Scoperta	Uppgötvun
Selvaggio	Villt
Spazio	Rúm
Terreno	Landslagi
Viaggio	Ferðast

Estate
Sumar

Amici	Vinir
Campeggio	Útjæða
Casa	Heim
Cibo	Matur
Famiglia	Fjölskylda
Giardino	Garður
Giochi	Leikir
Gioia	Gleði
Immersione	Köfun
Libri	Bækur
Mare	Sjó
Musica	Tónlist
Ricordi	Minningar
Rilassamento	Slökun
Sandali	Skó
Spiaggia	Fjara
Stelle	Stjörnur
Tempo Libero	Tímist
Vacanza	Frí
Viaggio	Ferðast

Famiglia
Fjölskylda

Antenato	Forfaðir
Bambini	Börn
Bambino	Barn
Figlia	Dóttir
Fratello	Bróðir
Gemelli	Tvíburar
Infanzia	Barnæska
Madre	Móðir
Marito	Eiginmaður
Materno	Móður
Moglie	Eiginkona
Nipote	Frændi
Nonna	Amma
Nonno	Afi
Padre	Faðir
Paterno	Ingar
Sorella	Systir
Zia	Frænka
Zio	Frændi

Fantascienza
Vísindaskáldskapur

Atomico	Lotukerfinu
Cinema	Kvikmyndahús
Distopia	Dystópía
Esplosione	Sprenging
Estremo	Extreme
Fantastico	Frábær
Fuoco	Eldur
Galassia	Galaxy
Illusione	Blekking
Immaginario	Ímyndað
Libri	Bækur
Misterioso	Dularfullur
Mondo	Heimur
Oracolo	Véfrétt
Pianeta	Reikistjarna
Realistico	Raunhæft
Robot	Vélmenni
Scenario	Atburðarás
Tecnologia	Tækni
Utopia	Útópía

Fattoria #1
Bær #1

Acqua	Vatn
Agricoltura	Landbúnaður
Ape	Bí
Asino	Asni
Campo	Engi
Cane	Hundur
Capra	Geit
Cavallo	Hestur
Fertilizzante	Áburður
Fieno	Hey
Gatto	Köttur
Gregge	Flokkur
Maiale	Svín
Miele	Hunang
Mucca	Kýr
Pollo	Kjúklingur
Recinto	Girðing
Riso	Hrísgrjón
Semi	Fræ
Vitello	Kálfur

Fattoria #2
Bær #2

Agnello	Lamb
Agricoltore	Bóndi
Alveare	Býflugnabú
Anatra	Önd
Animali	Dýr
Cibo	Matur
Fienile	Hlöðu
Frutta	Ávöxtur
Frutteto	Aldingarður
Grano	Hveiti
Irrigazione	Áveitu
Lama	Lamadýr
Latte	Mjólk
Mais	Korn
Oche	Gæsir
Orzo	Bygg
Pastore	Hirðir
Pecora	Kind
Prato	Engi
Trattore	Dráttarvél

Fiori
Blóm

Dente di Leone	Fífill
Gardenia	Toga
Gelsomino	Jasmine
Giglio	Lily
Girasole	Sólblóm
Ibisco	Hibiscus
Lavanda	Lofnarblóm
Lilla	Líla
Magnolia	Magnolia
Margherita	Daisy
Mazzo	Vönd
Orchidea	Orchid
Papavero	Poppy
Passiflora	Ástríðublóm
Peonia	Peony
Petalo	Krónublað
Plumeria	Plumeria
Rosa	Rós
Trifoglio	Smári
Tulipano	Túlipan

Foresta Pluviale
Regnskógur

Anfibi	Froskdýr
Botanico	Botanical
Clima	Veðurfar
Comunità	Samfélag
Diversità	Fjölbreytni
Giungla	Frumskógur
Indigeno	Frumbyggja
Insetti	Skordýr
Mammiferi	Spendýr
Muschio	Moss
Natura	Náttúran
Nuvole	Ský
Preservazione	Varðveislu
Prezioso	Dýrmætur
Restauro	Endurreisn
Rifugio	Athvarf
Rispetto	Virðing
Sopravvivenza	Lifun
Specie	Tegund
Uccelli	Fuglar

Forme
Form

Angolo	Horn
Arco	Arc
Bordi	Brúnir
Cerchio	Hring
Cilindro	Strokka
Cono	Keila
Cubo	Teningur
Curva	Ferill
Ellisse	Sporbaug
Iperbole	Hyperbola
Lato	Hlið
Linea	Lína
Ovale	Sporöskjulaga
Piramide	Pýramída
Poligono	Marghyrning
Prisma	Prism
Quadrato	Ferningur
Rettangolo	Rétthyrningur
Sfera	Kúla
Triangolo	Þríhyrningur

Forniture Artistiche
List Vistir

Acqua	Vatn
Acquerelli	Vatnslitir
Acrilico	Akrýl
Argilla	Leir
Carbone	Kol
Carta	Pappír
Cavalletto	Glæsla
Colla	Lím
Colori	Liti
Creatività	Sköpun
Gomma	Strokleður
Idee	Hugmyndir
Inchiostro	Blek
Matite	Blýantar
Olio	Olía
Pastelli	Pastellitir
Sedia	Stól
Spazzole	Burstar
Tavolo	Borð
Telecamera	Myndavél

Frutta
Ávextir

Albicocca	Apríkósa
Ananas	Ananas
Arancia	Appelsína
Avocado	Avókadó
Bacca	Ber
Banana	Banani
Ciliegia	Kirsuber
Kiwi	Kíví
Lampone	Hindberjum
Limone	Sítrónu
Mango	Mangó
Mela	Epli
Melone	Melóna
Mora	Brómber
Nettarina	Nectarine
Papaia	Papaya
Pera	Pera
Pesca	Ferskja
Prugna	Plóma
Uva	Vínber

Gatti
Kettir

Affettuoso	Ástúðlegur
Artiglio	Kló
Cacciatore	Veiðimaður
Coda	Hali
Curioso	Forvitinn
Divertente	Fyndið
Dormire	Sofa
Filo	Garn
Giocoso	Fjörugur
Indipendente	Óháður
Pazzo	Brjálaður
Pelliccia	Feldur
Personalità	Persónuleiki
Selvaggio	Villt
Timido	Feimin
Topo	Mús
Veloce	Hratt
Zampa	Klóm

Gentilezza
Góðvild

Affettuoso	Ástúðlegur
Affidabile	Árauðast
Amichevole	Vinalegur
Amorevole	Elskandi
Attento	Gaum
Compassionevole	Miskunnsamur
Comprensione	Skilning
Dolce	Blíður
Felice	Hamingjusamur
Generoso	Örlátur
Genuino	Ekta
Onesto	Heiðarlegur
Ospitale	Gestrisinn
Paziente	Sjúklingur
Ricettivo	Móttækilegur
Rispettoso	Virðingu
Utile	Hjálpsamur

Geografia
Landafræði

Altitudine	Hæð
Atlante	Atlas
Città	Borg
Continente	Álfunni
Emisfero	Jarðar
Fiume	River
Isola	Eyja
Latitudine	Breidd
Longitudine	Lengdargráðu
Mappa	Kort
Mare	Sjó
Meridiano	Meridian
Mondo	Heimur
Montagna	Fjall
Nord	Norður
Ovest	Vestur
Paese	Land
Regione	Svæði
Sud	Suður
Territorio	Yfirráðasvæði

Geologia
Jarðfræði

Acido	Sýra
Altopiano	Hálendi
Calcio	Kalsíum
Caverna	Helli
Continente	Álfunni
Corallo	Kórall
Cristalli	Kristallar
Erosione	Rof
Geyser	Goshver
Lava	Hraun
Minerali	Steinefni
Pietra	Steinn
Quarzo	Kvars
Sale	Salt
Stalagmiti	Stalagmites
Stalattite	Stalactite
Strato	Lag
Terremoto	Jarðskjálfti
Vulcano	Eldfjall
Zona	Svæði

Giardino
Garðinum

Albero	Tré
Amaca	Hengirúm
Cespuglio	Bush
Erba	Gras
Erbacce	Illgresi
Fiore	Blóm
Frutteto	Aldingarður
Garage	Bílskúr
Giardino	Garður
Pala	Moka
Panca	Bekkur
Prato	Grasflöt
Rastrello	Hrífa
Recinto	Girðing
Stagno	Tjörn
Suolo	Jarðvegur
Terrazza	Verönd
Trampolino	Trampólín
Tubo	Slönguna
Vite	Vínviður

Giocattoli
Leikföng

Aereo	Flugvél
Aquilone	Flugdreka
Argilla	Leir
Artigianato	Handverk
Auto	Bíll
Bambola	Dúkka
Barca	Bátur
Batteria	Trommur
Bicicletta	Reiðhjól
Camion	Vörubíll
Giochi	Leikir
Immaginazione	Ímyndunarafl
Libri	Bækur
Palla	Bolti
Preferito	Uppáhalds
Puzzle	Þraut
Robot	Vélmenni
Scacchi	Skák
Treno	Lest
Vernici	Málningu

Giorni e Mesi
Dagar og Mánuðir

Agosto	Ágúst
Anno	Ár
Aprile	Apríl
Calendario	Dagatal
Dicembre	Desember
Domenica	Sunnudagur
Febbraio	Febrúar
Gennaio	Janúar
Giugno	Júní
Luglio	Júlí
Lunedì	Mánudagur
Martedì	Þriðjudagur
Mercoledì	Miðvikudagur
Mese	Mánuður
Novembre	Nóvember
Ottobre	Október
Sabato	Laugardagur
Settembre	September
Settimana	Vika
Venerdì	Föstudagur

Guida
Akstur

Auto	Bíll
Autobus	Rútu
Carburante	Eldsneyti
Freni	Bremsur
Garage	Bílskúr
Gas	Gas
Incidente	Slys
Licenza	Leyfi
Mappa	Kort
Moto	Mótorhjól
Motore	Mótor
Pedonale	Gangandi
Pericolo	Hætta
Polizia	Lögreglan
Sicurezza	Öryggi
Strada	Vegur
Traffico	Umferð
Trasporto	Samgöngur
Tunnel	Göng
Velocità	Hraði

Imbarcazioni
Bátar

Albero	Mastur
Ancora	Akkeri
Barca a Vela	Seglbátur
Boa	Bau
Canoa	Kanó
Corda	Reipi
Equipaggio	Áhöfn
Fiume	River
Kayak	Kajak
Lago	Stöðuvatn
Mare	Sjó
Marea	Fjöru
Marinaio	Sjómaður
Motore	Vél
Nautico	Sjómanna
Oceano	Haf
Onde	Öldur
Traghetto	Ferja
Yacht	Snekkju
Zattera	Fleki

Insetti
Skordýr

Afide	Plöntulús
Ape	Bí
Calabrone	Hornet
Cavalletta	Graskúla
Cicala	Cicada
Coccinella	Frípur
Coleottero	Bjalla
Falena	Möl
Farfalla	Fiðrildi
Formica	Maur
Larva	Lirva
Libellula	Dragonfly
Locusta	Engisprettur
Mantide	Mantis
Pulce	Fló
Scarafaggio	Kakkalakki
Termite	Termite
Verme	Ormur
Vespa	Geitungur
Zanzara	Fluga

Letteratura
Bókmenntir

Analisi	Greining
Analogia	Líkingar
Aneddoto	E.
Autore	Höfundur
Biografia	Ævisaga
Conclusione	Niðurstaða
Confronto	Samanburður
Descrizione	Lýsing
Dialogo	Umræðu
Genere	Tegund
Metafora	Myndlíking
Opinione	Álit
Poesia	Ljóð
Poetico	Ljóðræn
Rima	Rím
Ritmo	Taktur
Romanzo	Skáldsaga
Stile	Stíl
Tema	Þema
Tragedia	Harmleikur

Libri
Bækur

Autore	Höfundur
Avventura	Ævintýri
Collezione	Safn
Contesto	Samhengi
Dualità	Tvíeðli
Epico	Epic
Inventivo	Frumleg
Letterario	Bókmennta
Lettore	Lesandi
Narratore	Sögumaður
Pagina	Síða
Poesia	Ljóð
Rilevante	Viðeigandi
Romanzo	Skáldsaga
Scritto	Skrifað
Serie	Röð
Storia	Saga
Storico	Sögulegt
Tragico	Hörmulega
Umoristico	Gamansamur

Mammiferi
Spendýr

Balena	Hvalur
Cane	Hundur
Canguro	Kengúra
Cavallo	Hestur
Cervo	Dádýr
Coniglio	Kanína
Coyote	Sléttuúlfur
Delfino	Höfrungur
Elefante	Fíl
Gatto	Köttur
Giraffa	Gíraffi
Gorilla	Górilla
Leone	Ljón
Lupo	Úlfur
Orso	Björn
Pecora	Kind
Scimmia	Api
Toro	Naut
Volpe	Refur
Zebra	Zebra

Matematica
Stærðfræði

Angoli	Horn
Aritmetica	Tölur
Circonferenza	Ummál
Decimale	Aukastaf
Diametro	Þvermál
Divisione	Deild
Equazione	Jafna
Esponente	Veldisvísir
Frazione	Brot
Geometria	Rúmfræði
Parallelo	Samhliða
Parallelogramma	Hjálíðalogram
Perimetro	Jaðar
Poligono	Marghyrning
Quadrato	Ferningur
Rettangolo	Rétthyrningur
Simmetria	Samhverfu
Somma	Summa
Triangolo	Þríhyrningur
Volume	Bindi

Meditazione
Hugleiðsla

Accettazione	Samþykki
Attenzione	Athygli
Calma	Logn
Chiarezza	Skýrleiki
Compassione	Samúð
Emozioni	Tilfinningar
Felicità	Hamingja
Gentilezza	Góðvild
Gratitudine	Þakklæti
Mentale	Andlegt
Mente	Huga
Movimento	Samtök
Musica	Tónlist
Natura	Náttúran
Osservazione	Athugun
Pace	Friður
Pensieri	Hugsanir
Prospettiva	Sjónarhorni
Respirazione	Öndun
Silenzio	Þögn

Meteo
Veður

Arcobaleno	Regnbogi
Asciutto	Þurrt
Atmosfera	Stjórnmál
Brezza	Gola
Cielo	Himinn
Clima	Veðurfar
Fulmine	Elding
Ghiaccio	Ís
Monsone	Monsún
Nebbia	Þóka
Nube	Ský
Polare	Polar
Siccità	Þurrkar
Temperatura	Hitastig
Tempesta	Stormur
Tornado	Tornado
Tropicale	Tropical
Tuono	Þrumur
Uragano	Fellibylur
Vento	Vindur

Misurazioni
Mælingar

Altezza	Hæð
Byte	Bæti
Centimetro	Sentimetr
Chilogrammo	Kíló
Chilometro	Kílómetra
Decimale	Aukastaf
Grado	Gráða
Grammo	Gramm
Larghezza	Breidd
Litro	Lítri
Lunghezza	Lengd
Metro	Mælir
Minuto	Mínúta
Oncia	Únsa
Peso	Þyngd
Pinta	Hálfpottur
Pollice	Tommu
Profondità	Dýpt
Tonnellata	Tonn
Volume	Bindi

Mitologia
Goðafræði

Archetipo	Arketype
Comportamento	Hegðun
Creatura	Skepna
Creazione	Sköpun
Credenze	Viðhorf
Cultura	Menning
Disastro	Hörmung
Eroe	Hetja
Forza	Styrkur
Fulmine	Elding
Gelosia	Öfund
Guerriero	Stríðsmaður
Immortalità	Ódauðleika
Labirinto	Völundarhús
Leggenda	Þjóðsaga
Magico	Töfrandi
Mortale	Dauðleg
Mostro	Skrímsli
Tuono	Þrumur
Vendetta	Hefnd

Natura
Náttúran

Animali	Dýr
Api	Býflugur
Artico	Arktískur
Bellezza	Fegurð
Deserto	Eyðimörk
Dinamico	Kvik
Erosione	Rof
Fiume	River
Fogliame	Sm
Foresta	Skógur
Ghiacciaio	Jökull
Montagne	Fjöll
Nebbia	Þoka
Nuvole	Ský
Rifugio	Skjól
Santuario	Helgidómur
Selvaggio	Villt
Sereno	Serene
Tropicale	Tropical
Vitale	Líflegt

Numeri
Tölur

Cinque	Fimm
Decimale	Aukastaf
Diciannove	Nítján
Diciassette	Sautján
Diciotto	Átján
Dieci	Tíu
Dodici	Tólf
Due	Tveir
Nove	Níu
Otto	Átta
Quattordici	Fjórtán
Quattro	Fjórir
Quindici	Fimmtán
Sedici	Sextán
Sei	Sex
Sette	Sjö
Tre	Þrír
Tredici	Þrettán
Venti	Tuttugu
Zero	Núll

Nutrizione
Næringu

Amaro	Bitur
Appetito	Matarlyst
Bilanciato	Rólegur
Calorie	Hitaeiningar
Carboidrati	Kolvetni
Commestibile	Ætur
Dieta	Mataræði
Digestione	Melting
Fermentazione	Gerjun
Liquidi	Vökva
Nutriente	Næringarefni
Peso	Þyngd
Proteine	Prótein
Qualità	Gæði
Salsa	Sósa
Salute	Heilsa
Sano	Heilbrigður
Spezie	Krydd
Tossina	Eiturefni
Vitamina	Vítamín

Oceano
Haf

Anguilla	Áll
Balena	Hvalur
Barca	Bátur
Corallo	Kórall
Delfino	Höfrungur
Gamberetto	Rækja
Granchio	Krabbi
Maree	Sjávarföll
Medusa	Marglytta
Onde	Öldur
Ostrica	Ostra
Pesce	Fiskur
Polpo	Kolkrabbi
Sale	Salt
Scogliera	Rif
Spugna	Svampur
Squalo	Hákarl
Tartaruga	Skjaldbaka
Tempesta	Stormur
Tonno	Túnfiskur

Paesaggi
Landslag

Cascata	Foss
Collina	Hæð
Deserto	Eyðimörk
Fiume	River
Geyser	Goshver
Ghiacciaio	Jökull
Grotta	Helli
Iceberg	Ísberg
Isola	Eyja
Lago	Stöðuvatn
Mare	Sjó
Montagna	Fjall
Oasi	Vin
Oceano	Haf
Palude	Mýri
Penisola	Skagi
Spiaggia	Fjara
Tundra	Tundra
Valle	Dalur
Vulcano	Eldfjall

Paesi #2
Löndum #2

Albania	Albanía
Danimarca	Danmörk
Etiopia	Eþíópía
Giamaica	Jamaíka
Giappone	Japan
Grecia	Grikkland
Haiti	Haítí
Indonesia	Indónesía
Irlanda	Írland
Laos	Laos
Liberia	Líbería
Messico	Mexíkó
Nepal	Nepal
Nigeria	Nígería
Pakistan	Pakistan
Russia	Rússland
Siria	Sýrland
Sudan	Súdan
Ucraina	Úkraína
Uganda	Úganda

Pesca
Veiðar

Acqua	Vatn
Attrezzatura	Búnaður
Barca	Bátur
Branchie	Tálkn
Cesto	Karfa
Cucinare	Elda
Esagerazione	Ýkjur
Esca	Beita
Filo	Vír
Fiume	River
Gancio	Krókur
Lago	Stöðuvatn
Mascella	Kjálka
Oceano	Haf
Pazienza	Þolinmæði
Peso	Þyngd
Pinne	Uggar
Spiaggia	Fjara
Stagione	Árstíð

Piante
Plöntur

Albero	Tré
Bacca	Ber
Bambù	Bambus
Botanica	Grasafræði
Cactus	Kaktus
Cespuglio	Bush
Crescere	Vaxa
Edera	Ivy
Erba	Gras
Fagiolo	Baun
Fertilizzante	Áburður
Fiore	Blóm
Flora	Flora
Fogliame	Sm
Foresta	Skógur
Giardino	Garður
Muschio	Moss
Petalo	Krónublað
Radice	Rót
Vegetazione	Gróður

Pirati
Sjóræningjar

Ancora	Akkeri
Avventura	Ævintýri
Bandiera	Fána
Bussola	Áttavita
Capitano	Kaptein
Cattivo	Slæmt
Cicatrice	Ör
Equipaggio	Áhöfn
Grotta	Helli
Isola	Eyja
Leggenda	Þjóðsaga
Mappa	Kort
Monete	Mynt
Oro	Gull
Pappagallo	Páfagaukur
Pericolo	Hætta
Rum	Romm
Spada	Sverð
Spiaggia	Fjara
Tesoro	Fjársjóður

Professioni #1
Störfum #1

Allenatore	Þjálfari
Ambasciatore	Sendiherra
Artista	Listamaður
Atleta	Íþróttamaður
Avvocato	Lögmaður
Ballerino	Dansari
Banchiere	Bankastjóri
Cacciatore	Veiðimaður
Contabile	Endurskoðandi
Editore	Ritstjóri
Geologo	Jarðfræðingur
Gioielliere	Skartgripir
Marinaio	Sjómaður
Meccanico	Vélvirki
Medico	Læknir
Pianista	Píanóleikari
Psicologo	Sálfræðingur
Sarto	Klæðskeri
Scienziato	Vísindamaður
Veterinario	Dýralæknir

Professioni #2
Störfum #2

Agricoltore	Bóndi
Astronauta	Geimfari
Biologo	Líffræðingur
Chimico	Efnafræðingur
Chirurgo	Skurðlæknir
Dentista	Tannlækni
Detective	Einkaspæjara
Editore	Útgefandi
Filosofo	Heimspekingur
Fotografo	Ljósmyndari
Giornalista	Blaðamaður
Illustratore	Teiknari
Ingegnere	Verkfræðingur
Insegnante	Kennari
Investigatore	Rannsakanda
Medico	Lækni
Pilota	Flugmaður
Pittore	Málari
Ricercatore	Rannsóknir
Zoologo	Dýrafræðingur

Riempire
Til að Fylla

Barile	Tunnu
Borsa	Taska
Bottiglia	Flösku
Busta	Umslag
Cartella	Mappa
Cassa	Rimlakassi
Cassetto	Skúffa
Cesto	Karfa
Nave	Skip
Pacchetto	Pakki
Scatola	Kassi
Secchio	Fötu
Tasca	Vasa
Tubo	Rör
Valigia	Ferðatösku
Vasca	Pottur
Vaso	Vasi
Vassoio	Bakki

Ristorante #1
Veitingastaður #1

Allergia	Ofnæmi
Caffè	Kaffi
Carne	Kjöt
Cassiere	Gjaldkeri
Cibo	Matur
Ciotola	Skál
Coltello	Hníf
Cucina	Eldhús
Dessert	Eftirréttur
Ingredienti	Hráefni
Mangiare	Að Borða
Menù	Matseðill
Pane	Brauð
Piatto	Diskur
Piccante	Sterkan
Pollo	Kjúklingur
Prenotazione	Pöntun
Salsa	Sósa
Tovagliolo	Servíetta

Ristorante #2
Veitingastaður #2

Acqua	Vatn
Aperitivo	Forréttur
Bevanda	Drykkur
Cameriere	Þjónn
Cena	Kvöldmatur
Cucchiaio	Skeið
Delizioso	Ljúffengur
Forchetta	Gaffal
Frutta	Ávöxtur
Ghiaccio	Ís
Insalata	Salat
Minestra	Súpa
Pesce	Fiskur
Pranzo	Hádegisverður
Sale	Salt
Sedia	Stól
Spezie	Krydd
Torta	Kaka
Uova	Egg
Verdure	Grænmeti

Scacchi
Skák

Avversario	Mótmælandi
Bianco	Hvítur
Campione	Meistari
Concorso	Keppni
Diagonale	Ská
Giocatore	Leikmaður
Gioco	Leikur
Intelligente	Snjall
Nero	Svart
Passivo	Aðgerðalaus
Per Imparare	Að Læra
Punti	Stig
Re	Konungur
Regina	Drottning
Regole	Reglur
Sacrificio	Fórn
Sfide	Áskoranir
Strategia	Stefnu
Tempo	Tími
Torneo	Mót

Scienza
Vísindi

Atomo	Atóm
Chimico	Efni
Clima	Veðurfar
Dati	Gögn
Esperimento	Tilraun
Evoluzione	Þróun
Fatto	Staðreynd
Fisica	Eðlisfræði
Gravità	Þyngdarafl
Ipotesi	Tilgáta
Metodo	Aðferð
Minerali	Steinefni
Molecole	Sameindir
Natura	Náttúran
Organismo	Lífveru
Osservazione	Athugun
Particelle	Agnir
Piante	Plöntur
Scienziato	Vísindamaður

Scuola #1
Skólanum #1

Alfabeto	Stafrófið
Amici	Vinir
Aula	Skólastofa
Biblioteca	Bókasafn
Carta	Pappír
Cartelle	Möppur
Divertimento	Gaman
Esami	Próf
Insegnante	Kennari
Libri	Bækur
Marcatori	Merkjum
Matematica	Stærðfræði
Matita	Blýantur
Numeri	Tölur
Penne	Penna
Per Imparare	Að Læra
Pranzo	Hádegisverður
Risposte	Svör
Scrivania	Skrifborð
Sedia	Stól

Scuola #2
Skólanum #2

Accademico	Akademískt
Autobus	Rútu
Biblioteca	Bókasafn
Calendario	Dagatal
Carta	Pappír
Computer	Tölvu
Dizionario	Orðabók
Educazione	Menntun
Forbici	Skæri
Giochi	Leikir
Grammatica	Málfræði
Insegnante	Kennari
Letteratura	Bókmenntir
Lettura	Lestur
Libri	Bækur
Matematica	Stærðfræði
Matita	Blýantur
Scarpe	Skór
Scienza	Vísindi
Zaino	Bakpoki

Spezie
Krydd

Aglio	Hvítlaukur
Amaro	Bitur
Anice	Anís
Cannella	Kanil
Cardamomo	Kardemommu
Cipolla	Laukur
Coriandolo	Kóríander
Cumino	Kúmen
Curcuma	Túrmerik
Curry	Karrý
Dolce	Sætur
Finocchio	Fennel
Liquirizia	Lakkrís
Noce Moscata	Múskat
Paprika	Paprika
Pepe	Pipar
Sale	Salt
Vaniglia	Vanillu
Zafferano	Saffran
Zenzero	Engifer

Spiaggia
Strönd

Asciugamano	Handklæði
Barca	Bátur
Barca a Vela	Seglbátur
Blu	Blár
Costa	Ströndinni
Dock	Bryggju
Granchio	Krabbi
Isola	Eyja
Laguna	Lón
Mare	Sjó
Nuotare	Að Synda
Oceano	Haf
Ombrello	Regnhlíf
Sabbia	Sandur
Sandali	Skó
Scogliera	Rif
Sole	Sól
Vacanza	Frí

Sport
Íþróttir

Allenatore	Þjálfari
Arbitro	Dómari
Atleta	Íþróttamaður
Baseball	Hafnabolti
Basket	Körfubolti
Bicicletta	Reiðhjól
Campionato	Úrslita
Ginnastica	Leikfimi
Giocatore	Leikmaður
Gioco	Leikur
Golf	Golf
Hockey	Hokkí
Movimento	Samtök
Nuotare	Að Synda
Palestra	Íþróttahús
Squadra	Lið
Stadio	Völlinn
Tennis	Tennis
Vincitore	Sigurvegari

Strumenti Musicali
Hljóðfæri

Armonica	Munnhörpu
Arpa	Harpa
Banjo	Banjó
Chitarra	Gítar
Clarinetto	Klarinett
Fagotto	Fagott
Flauto	Flautu
Gong	Gong
Mandolino	Mandólín
Marimba	Marimba
Oboe	Óbó
Percussione	Slagverk
Pianoforte	Píanó
Sassofono	Saxófón
Tamburello	Bumbur
Tamburo	Tromma
Tromba	Trompet
Trombone	Básúna
Violino	Fiðlu
Violoncello	Selló

Surf
Brimbretti

Atleta	Íþróttamaður
Campione	Meistari
Divertimento	Gaman
Estremo	Extreme
Folla	Mannfjöldi
Forza	Styrkur
Meteo	Veður
Nuotare	Að Synda
Oceano	Haf
Onda	Bylgja
Popolare	Vinsæll
Principiante	Byrjandi
Schiuma	Froðu
Scogliera	Rif
Spiaggia	Fjara
Spray	Úða
Stile	Stíl
Stomaco	Magi
Velocità	Hraði

Tecnologia
Tækni

Blog	Blogg
Browser	Vafra
Byte	Bæti
Computer	Tölvu
Cursore	Bendill
Dati	Gögn
Digitale	Stafræn
File	Skrá
Font	Leturgerð
Internet	Netið
Messaggio	Skilaboð
Ricerca	Rannsóknir
Schermo	Skjár
Sicurezza	Öryggi
Software	Hugbúnaður
Statistiche	Tölfræði
Telecamera	Myndavél
Virtuale	Raunverulegur
Virus	Veira

Tempo
Tíminn

Anno	Ár
Annuale	Árlega
Calendario	Dagatal
Decennio	Áratugur
Dopo	Eftir
Futuro	Framtíð
Giorno	Dagur
Ieri	Í Gær
Mattina	Morgunn
Mese	Mánuður
Mezzogiorno	Hádegi
Minuto	Mínúta
Notte	Nótt
Oggi	Í Dag
Ora	Klukkustund
Orologio	Klukka
Presto	Bráðum
Prima	Áður
Secolo	Öld
Settimana	Vika

Tipi di Capelli
Hárið Tegundir

Argento	Silfur
Asciutto	Þurr
Bianco	Hvítur
Biondo	Ljóshærður
Breve	Stutt
Calvo	Sköllóttur
Colorato	Litað
Grigio	Grár
Intrecciato	Fléttum
Liscio	Slétt
Lungo	Langt
Marrone	Brúnt
Morbido	Mjúkur
Nero	Svart
Riccio	Hrokkið
Riccioli	Krulla
Sano	Heilbrigður
Sottile	Þunnur
Spessore	Þykkur
Trecce	Fléttur

Uccelli
Fuglar

Airone	Heron
Anatra	Önd
Aquila	Örn
Cicogna	Storkur
Cigno	Svanur
Colomba	Dúfa
Cuculo	Gaukur
Falco	Haukur
Fenicottero	Flamingo
Gabbiano	Máfur
Oca	Gæs
Pappagallo	Páfagaukur
Passero	Sparrow
Pavone	Peacock
Pellicano	Pelican
Pinguino	Mörgæs
Pollo	Kjúklingur
Struzzo	Strútur
Tucano	Toucan
Uovo	Egg

Vacanze #2
Frí #2

Aeroporto	Flugvöllur
Campeggio	Útjæða
Destinazione	Áfangastaður
Foto	Myndir
Hotel	Hótel
Isola	Eyja
Mappa	Kort
Mare	Sjó
Montagne	Fjöll
Passaporto	Vegabréf
Spiaggia	Fjara
Straniero	Útlendingur
Taxi	Taxi
Tempo Libero	Tímist
Tenda	Tjald
Trasporto	Samgöngur
Treno	Lest
Vacanza	Frí
Viaggio	Ferð

Veicoli
Ökutæki

Aereo	Flugvél
Ambulanza	Sjúkrabíll
Auto	Bíll
Autobus	Rútu
Barca	Bátur
Bicicletta	Reiðhjól
Camion	Vörubíll
Caravan	Hjólhýsi
Elicottero	Þyrla
Motore	Vél
Navetta	Skutla
Pneumatici	Dekk
Razzo	Eldflaug
Scooter	Vespu
Sottomarino	Kafbátur
Taxi	Taxi
Traghetto	Ferja
Trattore	Dráttarvél
Treno	Lest
Zattera	Fleki

Verdure
Grænmeti

Aglio	Hvítlaukur
Broccolo	Spergilkál
Carciofo	Artihoke
Carota	Gulrót
Cetriolo	Gúrku
Cipolla	Laukur
Fungo	Sveppir
Insalata	Salat
Melanzana	Eggaldin
Patata	Kartöflu
Pisello	Pea
Pomodoro	Tómat
Prezzemolo	Steinselja
Rapa	Næpa
Ravanello	Ræðja
Scalogno	Skalottlaukur
Sedano	Sellerí
Spinaci	Spínat
Zenzero	Engifer
Zucca	Grasker

Vestiti
Fötin

Abito	Kjóll
Braccialetto	Armband
Camicetta	Blússa
Camicia	Skyrta
Cappello	Hattur
Cappotto	Kápu
Cintura	Belti
Collana	Hálsmen
Giacca	Jakki
Gonna	Pils
Grembiule	Svuntu
Guanti	Hanska
Jeans	Gallabuxur
Maglione	Peysa
Moda	Tíska
Pantaloni	Buxur
Pigiama	Náttföt
Sandali	Skó
Scarpa	Skór
Sciarpa	Trefil

Virtù #1
Dyggðir #1

Affascinante	Heillandi
Affidabile	Árauðast
Appassionato	Ástríðufullur
Artistico	Listrænn
Buono	Góður
Curioso	Forvitinn
Decisivo	Afgerandi
Divertente	Fyndið
Efficiente	Skilvirkur
Generoso	Örlátur
Indipendente	Óháður
Intelligente	Greindur
Modesto	Hógvær
Paziente	Sjúklingur
Pratico	Hagnýt
Pulito	Hreint
Saggio	Vitur
Utile	Hjálpsamur

Congratulazioni

Ce l'hai fatta!

Speriamo che questo libro vi sia piaciuto tanto quanto a noi è piaciuto concepirlo. Ci sforziamo di creare libri della più alta qualità possibile.
Questa edizione è progettata per fornire un apprendimento intelligente, di qualità e divertente!

Le è piaciuto questo libro?

Una Semplice Richiesta

Questi libri esistono grazie alle recensioni che pubblicate.

Puoi aiutarci lasciando una recensione
ora a questo link ?

BestBooksActivity.com/Recensioni50

SFIDA FINALE!

Sfida n°1

Sei pronto per il tuo gioco gratuito? Li usiamo sempre, ma non sono così facili da trovare - ecco i **Sinonimi!**
Scrivi 5 parole che hai trovato nei puzzle (n° 21, n° 36, n° 76) e prova a trovare 2 sinonimi per ogni parola.

Scrivi 5 parole del **Puzzle 21**

Parole	Sinonimo 1	Sinonimo 2

Scrivi 5 parole del **Puzzle 36**

Parole	Sinonimo 1	Sinonimo 2

Scrivi 5 parole del **Puzzle 76**

Parole	Sinonimo 1	Sinonimo 2

Sfida n°2

Ora che ti sei riscaldato, scrivi 5 parole che hai trovato nei puzzle n° 9, n° 17 e n° 25 e cerca di trovare 2 contrari per ogni parola. Quanti ne puoi trovare in 20 minuti?

Scrivi 5 parole del **Puzzle 9**

Parole	Antonimo 1	Antonimo 2

Scrivi 5 parole del **Puzzle 17**

Parole	Antonimo 1	Antonimo 2

Scrivi 5 parole del **Puzzle 25**

Parole	Antonimo 1	Antonimo 2

Sfida n°3

Grande! Questa sfida   non è niente per te!

Pronto per la sfida finale? Scegli 10 parole che hai scoperto nei diversi puzzle e scrivile qui sotto.

1.	6.
2.	7.
3.	8.
4.	9.
5.	10.

Ora scrivi un testo pensando a una persona, un animale o un luogo che ti piace.

Puoi usare l'ultima pagina di questo libro come bozza.

La tua composizione:

TACCUINO:

A PRESTO!

Tutta la Squadra

BESTACTIVITYBOOKS.COM/FREEGAMES